労働2.0

やりたいことして、食べていく

中田敦彦

PHP

労　　働

やりたいことして、食べていく

2　・　0

はじめに——誰もがやりたいことで、食べていける

世の中には、会社やバイトの職場に不満を持つ人がたくさんいます。夜の居酒屋に行けば、あちこちのテーブルでそんなサラリーマンたちがくだを巻いています。

「うちの上司、頭固すぎ」
「部下が使えないやつばっかりでさ」
「うちの会社はこれだからダメなんだよ」

それらを「くだらない愚痴」だとは、決して言いません。不平不満は、「会社を良くしたい」という真摯な意識があるからこそ出てくるもの。その気概、実に素晴らしいと思います。

しかし、ハッキリ言いましょう。

こうした不満を並べている人々に、会社を変えることはできません。

会社のあり方を決めるのは経営者。雇われ側の出る幕ではないからです。

「え～!?　自分の提案や意見を取り入れてほしい、と思ったっていいじゃん。なんでやりたいことができないんだよ」

という声が聞こえてきそうですね。

もちろん構いません。会社の方針の枠内に収まる提案や意見ならば。


でも、考えてみてください。意見や提案がある、つまり「したいこと」があるならなぜ思いつかないのですか？

自分が事業を始める、という道を。


自ら会社を立ち上げて経営すればしたいことができるのに、なぜわざわざ、「雇われ側」という制約のある場に身を置いて、不満を言うのですか？

おそらく、経営者の発想を持たないこと＝「雇用される側」の感覚しか持っていないからではないでしょうか。

いい会社に入っていい待遇で働きたいとは思うのに、自ら仕事を作ることは考えつかないのです。これが今、日本で働く人々の「足かせ」になっている、と私は感じます。

さらに、この視野の狭さは、自分の可能性を見落とすことにつながります。結果的に「働き方」の選択肢をも大いに狭めてしまうでしょう。

今、「働き方」は大きく変わりつつあります。

終身雇用システムに守られ、一つの仕事を続ける時代はもう去りました。今や大企業も倒産するし、ＡＩ（人工知能）やテクノロジーの発達によって職業自体がなくなることも今後増えるでしょう。

そんな中で、働く人々は、ただ「いい会社に雇われる」ことだけを考えるのではなく、もっと広く視野を取り、自分だけの新しい働き方を創出していくべきです。

こんなことをお話しするのは、私自身も皆さんと同じ「雇われ側のサラリーマン」だからです。私も吉本興業という会社に所属し、給与をもらっている身です。

しかし私は近年、この立場と並行して、人を募って自分のしたいことをする「雇用者」の顔も持つようになりました。

オリエンタルラジオの活動の延長で始めたグッズ製作、ダンスボーカルグループ「RADIO　FISH」の活動など、会社の中で許可を得ながら「やりたいこと」を通す道を、少しずつ切り開いてきたのです。

昨年からは、オンラインサロン（NKT Online Salon）を開設。現在は、オリエンタルラジオ、RADIO FISHなどのファンクラブ的サロンである「UNITED」と、私と共にビジネスを学び、コラボしていくビジネス塾的サロン「PROGRESS」の2つのサロンを展開しています。

オンラインサロンによって私の「やりたいこと」を伝え、それを一緒に実現できる仲間を募り、さらに多くの可能性を広げることができました。

そして、2018年秋に「幸福洗脳」というブランドを立ち上げ、アパレルの製作・販売という新事業を始動しました。

私の働き方はこうして、一カ所にとどまらず、常に変化を続けています。

一つの職種、一つの会社、一つの場所にとらわれないこと。

一つの場に「雇われる」だけでなく、「雇う」視点も取り入れ、随時変化と進化をしながら「やりたいこと」を実現させて、食べていくこと。

そんな新時代の働き方を、私は「労働2・0」と名付けたいと思います。

「労働」とは本来、皆さんが思っているよりも自由で柔軟性に富んだものです。複数の人々の才能とアイデアが有機的に離合集散を繰り返す、エキサイティングな営みです。こうして歴史を紡いできたのが私たち人間です。


働くとは何か、稼ぐとは何か。自分の可能性はどこにあるか、どのように見つけるか。そのきっかけのつかみ方から、具体的ノウハウ、次代につながる展望まで、私なりの考えをお伝えしたいと思います。

手っ取り早くノウハウだけを知りたいという方は、各項目のまとめとして書いた「NKT《なかた》の仕事術」だけ読むのもいいでしょう。

皆さんはもっと自分らしく、楽しく働くことができます。

そのヒントをこの本から拾い上げ、自身の働き方をアップデートしていただけたら、これほど嬉《うれ》しいことはありません。

2019年2月

中田敦彦

目次●労働2・0――やりたいことして、食べていく

第2章 「やりがい至上主義」「コンテンツ至上主義」にとらわれるな！

第3章 「やりたい人×できる人」が奇跡を起こす！

——強みの見つけ方と活かし方

第4章 プロ崇拝などナンセンスだ！
――"Just Do It."のすすめ

カバー撮影　Shu Tokonami
ヘアメイク　貝谷華子
ブックデザイン　秦　浩司（hatagram）
編集協力　林　加愛
編集　大隅　元（PHP研究所）
スペシャルサンクス　「UNITED」サロンメンバー

第1章
やらされ仕事で、一生を終えるな!

脱・歯車の道

最初は組織の
「**歯車**」でいい

「俺は組織の歯車なんかにならない」

「私は会社にいいように使われるのは嫌!」

と公言している、もしくは思っているあなた。

最初にハッキリさせておきましょう。

その認識は誤っています。


会社に雇われている以上、あなたはまごうかたなき「歯車」です。


会社は「資本家」と「労働者」で成り立つ組織であり、資本家以外は、全員歯車にならざるを得ないからです。

「なんで? 資本家がそんなにエライの?」

と思われるでしょうか。その通り、エライのです。

資本家がしていることは「生産」です。

生産とは、自分のお金を元手に事業を始め、さらなる利益を得ること。彼らが作る「企業」は、その生産のシステムにほかなりません。

このシステムを回すために、資本家は私費を投じて原材料や、場所や設備を用意します。そして、その場所で働く人を募集します。

それに応じて集まってくるのが労働者です。

労働者が行う「労働」は、資本家の目指すもののお手伝い。その対価として給料を得ます。どんな会社も、この仕組みで成り立っています。

この会社が儲《もう》かろうと儲かるまいと、労働者は働いた分の給与を必ず得られます（そうしない会社もあるにはありますが、それは資本主義のルールから外れた悪い会社です）。

対して、資本家にはこの保証がありません。

会社を立ち上げるために投じた莫大《ばくだい》なお金が戻ってくるとは限らない。会社が儲からなければ倒産、一文無しになってしまう可能性もあります。

資本家は、このリスクと引き換えに、決定権を所有します。

早い話が、資本家がエライのは、お金を出しているから。資本主義社会では、お金を出す人こそが一番エライのです。

では考えてみましょう。

もしあなたが「現場の声を聴かないから、上はバカなんだよ〜」なんてしょっちゅう口にしているとしたら、勘違いも甚だしい。自分は意見を言えるような大層な身分ではない、と知るべきです。

あなたは歯車、昇進したって歯車。

部長になろうが専務になろうが、トップに立たない限り歯車です。

悔しいですか?

悔しいなら、リスクを取って会社を作ればいい。

それができないなら、口をつぐんで労働するべし。

――これが、資本主義の掟《おきて》なのです。

組織の中で自由度を上げていく

オープニングからキツイことを言ってしまいましたが、これは皆さんを意気消沈させるためではありません。むしろ逆です。

「歯車ではなくなる道」があることを伝えたくて、語ったことです。

その第一歩が、今言った掟――資本主義の成り立ちを知っておくことなのです。

「成り立ち」、つまり物事の基本構造や原則といったものは、総じてシンプルです。

シンプルなものを説明しようとすると極端なことを言わないといけません。

働き方には2つの道がある、という大原則を語るとき、「例外」や「中間の道」といったものを説明する余地はありません。

では、実際の世界ではどうでしょう。

働く人は、本当に物言わぬ歯車でなくてはならないのでしょうか。

いいえ、中間の道もちゃんとあります。

例としては、まさに文字通り「中間管理職」があります。

歯車であっても、地位に応じて権限は与えられます。自分の裁量で商品の内容を決めたり、企画を立てたり、部下に職務を割り振ったり、アイデアを募って良いものを選んだりすることはできます。

ただし、それらはもちろんトップの方針と矛盾しない内容であること、トップが決めた予算の範囲内であること、などの制約つきです。

つまり、「自分のやりたいこと」ではなくて、あくまで「トップがやりたいこと」に沿っていなくてはなりません。

「そこが問題なんだ！」と嘆く中間管理職の方もいるでしょう。

トップの決定と自分の意思とがバッティングする、トップの方針が自分のポリシーに反する、自分も賛成していない上の指示を部下に命令しないといけないなど、中間管理職は始終、板挟みに苦しんでいます。

それが嫌なら、自分の会社を立ち上げるしか……。

と、ここでまた最初の二者択一が戻ってきます。

しかしいきなり「歯車なんて御免だ」と会社を辞める人などまずいないでしょう。資金もノウハウもなく起業するなど無謀すぎます。

まずは組織の中でジワジワと自由度を上げていく、という方法を取るのが得策です。

「歯車なのに、そんなことできるの？」

できます。

現在、あなたがこぼしている職場の愚痴の多くは、もしかするとこれで解決できるかもしれません。

NKTの仕事術〈1〉

今の組織の中で「できること」を増やす

やりたいことが
通らない理由は
準備不足

上の決定と自分の意思とのギャップに苦しむのは、「気概のある歯車」だからこそ。

そういう方はよく、「やりたいことが通らない」という不満を口にします。

商品企画が通らない、コスト削減案が通らない、業務効率化の案が通らないなど、内容はさまざまでしょう。

そんなとき、「上は頭が固すぎるんだよ」「現場の生の声をもっと聴けよ」なんて愚痴を言っても意味がないことは、もうおわかりですね。

必要なのは、却下された理由を分析することです。それもとことん細かく、緻密に。

たとえば「上は頭が固い」の「上」とは、誰のことでしょう?

「その企画はダメ」と言った直属の上司ですか?

それともさらに上の誰かでしょうか?

組織には必ず、決定を下す「人」がいます。

最終的にNOを言うのは「上」という漠然とした集団ではなく、1人です。そのキーパーソンをまずつかみましょう。

次に、その人物がなぜダメだと言うのかを考えます。

キーパーソンに直接聞けるなら聞いてもいいですし、偉すぎる相手なら、その中間にいる人物にヒアリングして様子をつかむのもよいでしょう。

すると、「頭ごなしの却下」に見えたことの奥に、意外な理由があることがわかってきます。

たとえば、「1人の意見を取り入れてしまうと、ほかの皆も声を上げ始めるのが面倒くさいから」。くだらなく見えますが、けっこうよくあるケースです。

それならば対策は1つ。

「その人物の発案である」という形を取ればいいのです。自分の意見を反映させたのではなく、トップダウンのプロジェクトなのだ、という体裁にするなら、相手が反対する理由はなくなります。

はたまた、その人物の思い入れとバッティングしているというケースもあります。

あなたが、上司に「経費削減案」を提案したとします。

しかし、「その経費削減案を通すと、長年懇意にしてきた業者との縁を切らなくてはいけないのが嫌だから」と反発されてしまう。

そこで、「何が何でも自分の案を通してやる」と意地を張ってしまうと、上司も頑《かたく》なになります。

ここでは、「経費削減」という目的を果たすための、別の方法を考えるのが有効。その業者を切らずに経費削減することはできないか、もしくはほかの業者と懇意になってもらうことはできないか、という風に解決の道を探れるでしょう。

このように、要素分解して原因を突き止め、クリアできる提案をし、交渉するのが王道です。これなら、上司も意気に感じて、味方になってくれるはずです。

私もこの方法で、被雇用者の身でありながらやりたいことを通してきました。

自分でお金を出してグッズを作り、メンバーを集めて「RADIO FISH」というダンスボーカルグループを作り、ミュージックビデオを作り……。

本来なら禁止されるはずのことを次々と実現してきたのは、「誰が、どの部分で嫌がっているのか」を突き止めて、交渉してきたからなのです。

「ダメでした」で戻ってきてはいけない

そんな私から見ると、周りにいる若い人たちは、どうもあきらめが良すぎるように思えます。

NOを言われたときに、「ダメでした～」と言って帰ってくる若者が実に多い。そこはもうちょっと粘ろうよ、と思ってしまいます。

たとえば収録時、私は共演のタレントさんと一緒に動画を撮ってインスタグラムにアップする、ということをよく行うのですが、そんなときは事前に、若いスタッフさんに「先方に頼んでみてくれる？」と頼みます。

「わかりました、聞いてきます！」と、フットワーク軽く飛び出して行った彼は……。

「なんかダメみたいっす！」と、これまたスピーディーにガッカリな答えを持ち帰ってきます。しかも、理由を聞いてこない。

「なんでダメだって？」

「いや、ダメだそうです！」

これでは収穫ゼロです。

そこで今度は、理由を聞いてきてもらいます。

すると、「まだメイクしていないから」。著作権や肖像権などの難しい話ではないのなら、そう高いハードルではありません。

こちらとしては、〝今日この方と一緒にいて楽しかったよ〟という「告知」をしたいだけなのですから、「後ろ姿でもOKなので、どうでしょう？」と聞いてもらいます。

これでもダメなことはあります。

「後ろ姿でもダメだそうです、服もイケてないから……」

それでも、あきらめてはいけません。

「じゃ、声だけならどうですか？」

その人が話しながら私を動画撮影してくれれば、楽しい雰囲気は十分に伝わるはずだ、というわけです。

ここまで交渉して、ようやくOKの返事をいただけるのです。

でもちょっと待ってください。「なぜダメか」を最初に聞いてくれれば、スタッフさんは、互いの楽屋を往復する数をもっと減らせたはずです。

そのためには、「告知」というそもそもの目的を最初に把握すること。

次いで、それを達成できる方法は何通りもあると認識すること。

自分の希望であれ、人から頼まれたことであれ、この2つの意識を持ち、しっかり準備していれば、「ダメでした～」は、いくらでも「OKでした！」に変えることができるのです。

NKTの仕事術〈2〉

「そもそも、なぜ実現したいか」という目的を把握し、実現のために可能な限り多くの選択肢を用意しておく

言われてないことを
やりまくるやつが
出世する

私は、人材には3つの種族がいると思っています。

A：言われたことをちゃんとできる人
B：言われたことをできない人
C：言われてないこともする人

の3タイプです。

この中で、あなたはどのタイプに当たると思いますか？

たとえば上司から、「5分以内にこの書類を4人分テーブルにセットしておいて」と頼まれたとします。

これをきちんと遂行できるのがAの人。

もし3人分しかなかったり、上下逆に置いていたり、7分くらいかかってしまったなら、Bの人です。

AとBを比べてみて、会社が気に入るのは、当然Aの人材です。

ではCの人は、ここでどう出るでしょうか。

Cは、「なぜこの書類を5分以内に置く必要があるのか」を想像します。

きっと来客があるからだ、この書類は来客との打ち合わせで使う資料なんだ、と。

「だったら、飲み物もいるのでは？」とCは考えます。

そこで、資料を置くのに加えて、紅茶を淹れておきます。

AとCを比べると、Cのほうが「気の利くやつ」ということになりますね。

そう、3種類の人材の中で一番出世するのはCです。

このタイプの人は、いつも目的を考えています。指示を受けたら、何のためにそれが必要なのかを想像します。すると必然的に、その目的をより良い形で達成するための、プラスαのアイデアが出てきます。

ただし「想像」である以上、それが上司の意図と一致しているかどうかはわかりません。

「余計なことするなよ。このお客さんのためにシャンパンを用意してあったんだぞ。紅茶なんかいらねえよ！」

と跳ね返される可能性も十分にあります。

だとしたらやはりAのほうが無難でしょうか。怒られるくらいなら、おとなしくしておいたほうがいいのでしょうか。

決してそうではありません。

ピンチのときこそ、「勝手なことをする作戦」

「余計なことをするな、勝手なことをするな!」

Cタイプの人は、そう怒られることがしょっちゅうあるでしょう。

「お前は言われたことだけやってりゃいいんだよ!」は、歯車に向けられる典型的なフレーズです。

しかし腐ってはいけません。これは「良い怒られ方」なのです。どんどんこの手の怒りは買うべし、と言ってもいいくらいです。

さらに一歩進めて考えましょう。

先ほどお話しした「やりたいことが通らない」場面でも、「勝手なことをする作戦」は大いに有効です。

前述の「粘り強く交渉するべし」という話は、言わば正攻法。手堅い方法ですが、時間がかかるのが欠点です。

「今すぐ作業を簡略化しないと期限に遅れる、でも上司とは連絡がつかない」という場面では、悠長なことはしていられません。

そこで効くのが、この反則技。

自分の判断で、許可を得ずにやってしまうという荒技です。

ただしこの技、「あくまでクビにならない程度」であることが大事。それによって生み出されるメリットと、反則のペナルティを比べてみて、差し引きプラスとみれば実行しましょう。

バレて怒られても、ひたすら頭を下げておけばなんとかなります。

ちなみに私がこの場面でよく使うのは「知らなかったフリ」。

たとえば、「情報解禁はまだです」と言われている話を勝手にツイートで告知して、「何してるんですか！」と怒られたら「え、解禁されてなかったっけ。ごめん、忘れてた！」ととぼけるという……。

なんてやつだ、と思われるでしょうね。でもそこには、まっとうな理由があります。

公式ＨＰで公開するよりもＳＮＳのほうがスピーディーですし、私本人の生の声のほうが影響力大。ならば効果の高い方法を取るほうがいいに決まっています。

良い結果を生むなら、トライしたほうがいい。いや結果が悪くたって、よかれと思ってやったことならＯＫだ。これが私の考えです。

そういう調子ですから、しょっちゅう怒られます。偉い人に謝ることもあります。この方法を皆さんが実践するなら、問題人物としてマークされるリスクは覚悟しておくべきでしょう。

しかし意外と、企業のトップはそうした人材を高く評価するものです。

経営者にしてみれば、Aの「言われたことしかしない社員」や、Bの「言われたことさえできない社員」より、Cの「言われていないことをやる社員」のほうが有難いのです。

どうしてか。

言われていないことをやる行為には先読みがあり、創意工夫があり、「よかれと思う」姿勢があるからです。これは目の前の相手や会社のことを一番に考えていないとできない行動です。

そう考えると、会社が本気で優秀な人材を求めたとき、登用されるのはCのタイプです。

たとえば競合が台頭してきて、今までの手法では立ち行かないというとき。言われたことをきちんと行うだけのAでは難局を乗り切れません。対して、いつも勝手なことをしているCなら、ここぞというときに何か新しいことを考えつくでしょう。

従順な部下（A）を日ごろ可愛《かわい》がっている上司も、「ここは破天荒で自分勝手な部下（C）に任せてみよう」と思うはずです。

Cが一番の出世株である、と言ったわけが理解いただけたでしょうか。

NKTの仕事術〈3〉

クビにならない範囲で、指示された以上のことをやる

優秀な人ほど、
超速でノウハウを
吸収して
辞めていく

以上のことから、「やりたいことをやって出世する」には3つの条件があることがわかります。

・何が求められていて、どうすればベストな形で達成できるかを判断する想像力を持つこと
・良い目的であること（「会社、社会のため」ならOK、「自分の利権のため」はNG）
・クビになるレベルの反則技は犯さないこと

この3つを備えていれば、少々勝手なことをしても大丈夫。やりたいことができる上に、有望な人材として重宝されます。組織の中でそれなりの地位に上ることもできるでしょう。

ではここまで来たら、「歯車」は脱出できるでしょうか。

答えはNOです。

思い出してください。どんなに出世しても経営者にならない限り歯車は歯車だ、と言いましたね。どんなに「物言う歯車」になれたところで、その組織に身を置いている限り、発言力には限界があります。

ですから、私は皆さんに言いたい。

「いつかは会社を辞めよう」と思っていてほしい、と。

ハッキリ言いましょう。

会社を辞めようと思っていない人は優秀ではありません。

優秀な人ほど、「自分はこの組織には収まりきらない」と感じるものです。

同じことを、雇う側の視点で考えてみましょう。

会社は——とくに日本の会社は、人をおいそれと解雇することができません。いったん正社員として採用したら、本人が辞めたいと言わない限り、定年まで雇うのが原則。リストラが行われるのは、やむを得ない事情があるときのみです。

この「終身雇用の原則」を喜ぶのは、優秀ではない人々です。

彼らはクビになったら生活できないので、会社にしがみつきます。

逆に、優秀な人間はノウハウを素早く呑《の》み込み、あらかたの業務をこなして「これをあと何十年も続けるなんてつまらないな」と見切りをつけます。

つまり会社組織というものは、優秀ではない人たちが沈殿する仕組みになっているのです。

聞いた話によると、企業の成長は「上2割」の優秀な人材をいかに辞めさせずにおくか、かつ「下2割」にいかにうまいこと去ってもらうか、にかかっているのだとか。

さらに困ったことに、下2割にいる人たちのほとんどが、自分が会社の「お荷物」になっていることに気付いていないそうです。

先ほどの3種族の人材に当てはめると、上2割がC、下2割がB、残りの6割が可もなく不可もないA、の人材と言えそうです。

私は、常にCタイプの人材でいたいと思っています。そして組織に身を置きながら、いずれは自分の会社を持ちたいと思っています。

NKTの仕事術〈4〉
「いつかは今の会社を辞める」と心に決める

「てっぺん」よりも、
自分のいるべき
場所に向かえ

「僕は言われていないことをやる社員（C）を自任していますが、全然評価されていません。『辞めたい』と言っても誰も止めないでしょう」

という人もいるかもしれませんね。

この場合、2つの可能性が考えられます。

1つは、自分を過大評価しているケース。

身も蓋もないですが、こういう人はけっこういます。ここはひとつ、自分がやってきた「勝手なこと」を振り返ってみて、それがまっとうな目的を持つものであったか、メリットとデメリットをきちんと勘案していたか、改めて振り返る必要があります。

その上で、「私のやってきたことは間違いなく的確な行動であった」と言い切れるなら、2つ目の可能性——その企業の体質が古くなっている、ということが考えられます。

体質の古い企業ほど、アイデア豊富でアクティブな人材を抑えつける傾向が強くなります。上にいる人々が、優秀な人間に居場所を奪われたくないからです。

これは古今東西どこの組織でも起こる、普遍的な現象なのでしょう。

一個の組織が成熟すると権力基盤が強くなり、権力層はその既得権益にしがみつき、やがて新陳代謝が難しくなっていきます。

そして、巨木は中から腐っていつか倒れるように、終わりのときを迎えます。

ローマ帝国も江戸幕府もそうして滅びたのでしょう。近年、日本の大企業が次々に衰退のときを迎えているのも、この現象の表れかもしれません。

さて、私の属する芸人の世界はどうでしょうか。

やはり、若い人が出世しづらい状況にあると思います。ゴールデンタイムの番組MCを務めるのは40代、50代以上のベテラン。20代や30代が仕切る「とんがった」番組が若者の熱狂的な支持を集める、といった80～90年代のような現象は見られません。

この流れの中で、若い才能はどうするか。何もできずにくすぶっているか、もしくは外に出ていく。この二択でしょう。

私は後者の外に出ていく人たちを応援します。

人を笑わせる能力を、テレビではなくYouTubeで発揮している若い人が増えています。中堅どころでも、「ピース」の又吉直樹さんや「キングコング」の西野亮廣《あきひろ》さんのように、別分野で大きな功績を上げる方々がいます。

お笑い界もまた、成熟しきった巨木の様相を呈しつつあるのです。

組織も生命と同じように、生まれては滅びていくものです。もし自分の所属している世界が「老いているかも」と思ったら、そこから出る選択肢を意識すべきでしょう。

全員がオリンピック選手になれない

もちろん私は、「辞めない人」を否定しているわけではありません。

辞めない人にも、それぞれ理由があるでしょう。

「この会社でいつか社長になる気でいるから」ならば、もちろんそのまま頑張っていただきたいところです。

「家族のためにも、安定した給与を得たいから」

「バリバリ仕事するタイプじゃないし、生活できるだけの収入があれば満足だから」

という方々もいるでしょう。それも尊重すべき生き方です。自分がそう決め、納得した上で選んだ道なのですから。

私が「辞める気でいるべし」と言うのは、あくまで「このままでは嫌だ」とモヤモヤしている人に向けた言葉であることを、ここで確認しておきましょう。

もう1つ、私が「歯車を抜け出せ」と言っているのは、「上を目指せ」と言っているのではない、ということです。

「絶対に成功せよ」「てっぺんを目指せ」とは私は言いません。むしろ逆です。

資本主義国に生きる人々が追い立てられてきたこの「てっぺん主義」を、私は「洗脳」だと思っています。

皆が上を目指して競争してくれれば経済が発展しそうだから——というエライ人たちの思惑に、私たちは騙《だま》されてはいないでしょうか。

「人生は成功しなくてはいけない」なんて、単なる思い込みです。ほかの人よりいい学校、いい仕事、いい地位、いい経済状況を目指す必要はないのです。

私が伝えたいのは、「人よりも良い場所」ではなく、「自分自身のいるべき場所」に身を置こう、ということです。

世の中には多種多彩な職業があります。いずれも時代や社会構造によって現れては消えるものですが、どれも、そのときどきにおいては必要な職業です。

スポーツの世界なら、オリンピック選手もいればコーチもいるし、スポーツ用品店のスタッフもいるでしょう。そのすべての仕事に、存在意義があります。

「上に行こう」とするのは、全員がオリンピック選手になって金メダルを取ろうとするようなもの。それを達成できた人以外全員不満足だなんて、かなり変な社会だと思いませんか?

すべての人が、自分の能力と適性に見合った場所にいて、自分の存在意義を感じながらそこで満足を得ることが、一番いいのです。

「そんなの生ぬるい世界じゃん」と思われるでしょうか？

ところがさにあらず。先ほどから述べている通り、世の中は、常に動いているものであることを思い出してください。

職業は時代の変化に応じて新しく生まれたり、消えたりします。

組織も生成と衰退を繰り返すものです。

さらには一個人の希望も、絶えず変わります。ある場所で満足していたつもりが、やがて飽きたり退屈したりして、別の道を目指したくなることも大いにあるでしょう。

絶えず変化する世の中で、そうした個人や組織が絶えず出会い、別れ、また出会う――そうしたダイナミズムの中にこそ、活気ある経済も生まれていくのではないでしょうか。あなたが上を目指す間に、世の中はガラッと変わってしまうのです。

ＮＫＴの仕事術〈５〉

「今置かれている場所は古くないか」と自問してみる

仕事とは、
「人に役立つ
暇つぶし」

「じゃあ中田さんは、成功を目指してないんですか？」

と聞かれたら「もちろん、目指しています！」と即答するでしょう。

でもそれは、「今、やっていることを成功させる」、という話。

1つプロジェクトを立ち上げたら成果を上げて、関わってくれた人みんなに喜んでもらいたい。これが私にとっての「成功」です。

芸人になったときもお笑いの世界で成功したいと思ったし、音楽でもそう。今なら、アパレル界に旋風を巻き起こしたい、と思っています。

「1つの分野に身を置かないんですか？」

と聞かれることもありますが、私は置かないタイプです。

お笑い一筋、音楽一筋、アパレル一筋、といった思いはありません。

誤解を恐れずに言うと、私は今やっている仕事を、さほど意味のあることだと思っていないのです。

私は今、立ち上げたばかりのアパレルブランド「幸福洗脳」に夢中です。

もちろん、ブランドを絶対に成功させたいと思っていますが、これがバズろうがバズるまいが、売れようが売れまいが、地球の存命にまったく影響はありません。

オリエンタルラジオ、RADIO FISHの活動も同様。そんなにご大層なものではない、という意識があります。だからといって、手を抜いているわけではなく、常に全力投球で臨んでいます。

「じゃあ、なんで働いているの⁉」

と問われるでしょうか。

答えは簡単、暇だからです。

人間がなぜ働くかというと、暇だからなのです。

もし一生生活するのに困らないだけのお金があったら、果たしてその人はただ遊んだり、ゴロゴロ寝たりするだけで過ごすでしょうか。

それは無理でしょう。きっと退屈で死にそうになるに違いありません。

人は「時間があれば何かしたい」と思う生き物です。そしてできれば「周囲に役立つことをしたい」と思うものです。

そばにいる誰かに、もしくは集団に、もしくは社会に喜んでもらう。

これが「働く」ということだと私は解釈しています。

仕事とは、「人に役立つ暇つぶし」。そして暇をつぶすなら――不満顔で働くより、リスクを恐れず楽しく働くほうがいいに決まっています。

それには、人に使われる「やらされ仕事」でないほうがいい。

自分自身の適性に合った、「やりたい仕事」をやったほうがいい。
これが私の考える、理想の働き方なのです。

ＮＫＴの仕事術〈６〉

人から使われて終わるのではなく、楽しく働く

労　　働

第2章

「やりがい至上主義」「コンテンツ至上主義」にとらわれるな!

「働き方」にまつわる思い込み

2　.　0

日本人は「経営者教育」が足りない

近年、「働き方改革」という言葉があちこちで飛び交っています。

では、その改革されるべき「働き方」とは何でしょうか。

そもそも、働くとは何でしょうか。私たちは意外とこれを知りません。

日本人の「働く」という概念に対する認識には、いくつもの見落としや思い込みがあるように思えてなりません。

そう感じるのは、私自身がこの数年、個人的に「働き方改革」を実施したからです。その中にはうまくいったものも、頓挫したものもあります。しかしいずれの場合も、さまざまな発見がありました。

第2章ではそんな経験をもとに、『働く』にまつわる誤解」を語りたいと思います。

筆頭に挙げるのは、第1章で取り上げた「歯車の誤解」。

経営者にならない限り決定権はないという資本主義の一大原則を、日本人は今ひとつわかっていないということです。

歯車である一社員が「やりたいことをさせろ」と不満を言うのは本来筋違いであり、少々工夫して自由度を上げてもやはり限界はある、という話でした。

そしてもう1つ、歯車たちの不満には、とても不自然な点があります。

なぜここで「経営者になろう！」と考える人が、めったにいないのでしょう。

答えは簡単です。

「経営者になれば完全な決定権を得られる。そうすれば好きなことができる」ということが意外にもわかっていないからです。経営者のイメージが、あまりに漠然としていることも関係しているでしょう。


ここには、日本の教育の影響があると思います。

資本主義の原則は、アメリカやヨーロッパ諸国などほかの資本主義国だったら小学校で習う知識です。ところが日本の学校は戦後から現在に至るまで、これを教えてきませんでした。

社会科の授業で習った、農業や工業の話を覚えていますか？

お米や工業製品がどのように作られ、どう流通するか、といった話は聞いた記憶があるでしょう。しかし、農場や工場や会社が「どのようにして経営されるか」は教わらなかったのではないでしょうか。

これは、日本が「労働者だけ」を生産し続けた国だったからです。勤勉で従順な「優良な労働者」を1人でも多く育てて社会に送り出すこと、これが学校の役割だったと言っていいでしょう。

これは実際、功を奏したとも言えます。70年代初頭までの高度成長を支えたのは「モーレツ社員」というハイパー労働者でした。80年代後半のバブル期も、「24時間働けますか」というCMのキャッチコピーに象徴されるような、精力的な労働力が礼賛されました。

対して、資本家についてはは礼賛どころか、その存在に言及されることも稀《まれ》でした。なぜなら、私たちは「働く＝労働」だと思い込んでいたからです。

それがいかに、働き方に関する視野を狭めていることか。これは「日本の悲劇」と言ってもよいほどの損失だと思います。

「雇用する側の感覚」がなさすぎる！

日本人は、「いい大学を出ていい会社に入ろう」とは言われても、「事業を立ち上げて人にお金を払おう」とは教わりません。

すなわち、「サラリーマンでありなさい！」という教育しかされておらず、「良き経営者でありなさい！」とは言われていないのです。

だから必然的に、発想が狭くなります。

「働く」と言うと、「いかにたくさんお金をもらうか」が一大テーマになりますね。

しかし、この逆の発想を持つ人はほとんどいません。

「どのくらいお金を出せば、人に動いてもらえるか」とは考えないのです。

私は、オリエンタルラジオやＲＡＤＩＯ ＦＩＳＨのグッズの製作に携わり始めてから、「人をどう動かすか」を考えるようになりました。

原材料の購入やデザインなど、誰かに協力を頼む機会は山ほどありました。

もちろん報酬の相場感がまったくないため、最初は雲をつかむようでした。

ところが実際に、手探りで交渉してみると、「あ、これじゃ足りないんだ！」「え、この価格でやってくれるんだ!?」と、そのつど発見がありました。

非常にエキサイティングな体験でしたが、できればこの感覚、学生の段階でしっかり学んでおきたかったものです。

慣れるにつれてわかってきたのは、経営は一つの「ゲーム」であるということです。

用意した材料や、雇った人に払った金より、成果物を売って得た利益が多ければ「勝ち」。逆に、材料費や人件費が利益を上回れば「負け」。毎回、プロジェクトごとに勝負があるのです。

経営という仕事は一見複雑なようで、その根本には本能を刺激するようなシンプルな喜びがあるのだ、と感じました。

そういうわけで、経営者は負けを出さないような賃金設定をします。それがわかると、お笑いの興行でも、「胴元」が一番得をする設定になっていることにも気付くようになりました。

たとえば「ルミネｔｈｅよしもと」でのイベント。チケット代が４０００円で、５００人のお客さんが来れば利益は２００万円。出演する芸人は何組、それぞれギャラはこれくらい（先輩後輩のギャラ相場もだいたい見当がつくものです）……と考えたところ、

「胴元（よしもと）、めっちゃくちゃ得してるじゃん！」

と驚きました。しかし、芸人仲間は全然そういうことに興味がないようです。

経営とは何かということを学んでこなければ、どんなに優秀な働き手も「従順な労働者」にとどまってしまいます。

その状況が究極に達すると、「下請け」「メガ盛り（大量生産）」「爆安（価格破壊）」の労働地獄に陥《おちい》ることもあります。

これは会社勤めの方々も、フリーランスの方々も同様でしょう。実にもったいない働き方だと思いませんか？

二足・三足のわらじを履いてもいい

雇用者の視点を持つことで得られるのは、損得勘定だけではありません。

「人を助けたい」という意欲も出てきます。

友人知人が、能力はあるのに働き口がなくて困っているとしたら、何か仕事を頼んで、生活を手助けできるじゃないか、という発想も湧いてきます。

何も難しいことではありません。一労働者でも、個人レベルで単発の仕事を頼むことは可能です。

誤解しないでいただきたいのは、私は皆さんに「起業しないとダメ」と言っているわけではないということです。

起業する人もいれば被雇用者でいる人もいていい、どちらも社会に不可欠な存在です。

ただ、被雇用者という立場を唯一の選択肢にしないでほしい、とは強く言いたい。

被雇用者でありながら副業を持ってもいいし、その中で雇用をしてもいい。二足・三足のわらじを履いてもいいし、いつかは独立起業を目指してもいい。
そうしたフレキシブルな発想を一人ひとりが持てたら、日本人の働き方は、もっと多彩で自由になるのではないでしょうか。

NKTの仕事術〈7〉

被雇用者の立場でも、他所《よそ》に仕事を発注したり、副業を始めてみる

「やりがい」だけでは、
いずれ**疲弊する**

日本人が「雇用者」の発想に乏しいのは、教育のせいだけではありません。

マスメディアも片棒を担いでいるように思えます。

ウルトラマンや仮面ライダーなど日本で人気のあるヒーローに「社長」がほとんどいないことを、不自然に思ったことはありませんか？

一方で、アメリカのドラマや映画を観《み》ると、「社長ヒーロー」が多く登場していることに気付かされます。

たとえば『バットマン』。主人公のブルース・ウェインは、一大企業「ウェイン・エンタープライズ」を経営しています。会社の中で権力掌握に努めながら、豊かな財力を元手に街の治安も維持するカッコいいヒーローです。

はたまた『アイアンマン』の主人公であるトニー・スタークは、巨大軍需企業「スタークインダストリーズ」の経営者。たぐいまれな頭脳で革新的な発明を行い、技術力を活《い》かした装備で悪とも戦う人物です。

ちなみに2008年の映画版でトニーのモデルとなったのは、あのテスラ社CEOのイーロン・マスクです。実在の経営者をアメコミヒーローのモデルにするなど、日本ではちょっと考えられない発想ですね。

では日本では、どんな職業の人物がヒーローになっているのでしょうか。

人気のあるドラマの主人公をざっと見ると、刑事もしくは警察関係者、医師、そして検事や弁護士が多いようです。国家資格を取っているヒーローがやたら多いな、という印象を私は抱いています。

国家権力と親和性のある仕事に憧れさせたい、というニーズがどこかにあるのでしょうか？　メディアはそのお達しに従っているのでしょうか？　資本主義国としては、少々「お上」のコントロールがきつすぎるのでは、という気がします。

一方、いわゆる「大企業の社長」はどのようなイメージで描かれるでしょうか。皆さんも、これまで見たドラマの記憶からイメージを浮かべてみてください。

——でっぷり太って、料亭で悪だくみをし、女性を侍《はべ》らせてニヤついているような、がめつい男性……。

こんなイメージではありませんか？

「お金を稼ぐこと＝がめついこと」と思い込ませる、という印象操作を感じます。「事業を起こして大儲けしよう」などという欲望を国民に抱かせず、優秀な被雇用者にとどめておこうとするのが、これまでの国の〝やり方〟だったということです。

アメリカの庇護《ひご》の下で経済大国へと成長できた80年代までなら、それも意味のあることだったのでしょう。

しかしその時代も去って久しい今、私たちは「稼ぐ」ことに対して、もっとバランスの取れた価値観を取り戻すべきです。

それは日本の国際競争力を高める上でも、大事なことと言えるでしょう。

「お金とやりがい」は、両方選んでいい

日本人は、「お金儲けをする人」に対して悪い印象を抱きがちなのに対して「お金を度外視して仕事に打ち込む人」には不思議と尊いイメージを抱きます。

この不思議現象の別バージョンとして、「お金」と「やりがい」の二項対立がありま す。

「お金になるけど、つまらない仕事」「お金にならないけれど、やりがいのある仕事」というフレーズをよく耳にします。これ、少し妙ではありませんか？

この二項対立、「性格の悪いイケメンvs.性格の良いブサイク」という二項対立とよく似ています。考えてみたら、これも変。

だって、「性格の良いイケメン」がいてもいいはずだからです。

同じく「お金になる上にやりがいがある仕事」もきっとあります。

身近にないと言うなら、作ればいい。

もし今の仕事が「やりがいはあるけれどお金にならない」のなら、お金に結びつける方法を考えればいいのです。

「いや、僕はやりがいだけで十分。お金なんかいらないよ」と反論する方もいるでしょう。それならそれでOK……いや、あえて問いましょう。

3年後、5年後も、あなたは同じ気持ちでいられますか？

きっと、ジワジワとむなしさが湧いてくるに違いない、と私は思います。

それには理由があります。報酬は単なる利益ではなく、評価の基準――ひいてはその人の「尊厳の源」でもあるからです。

やりがい至上主義の人は、立派な仕事をしていれば自尊心を満たせると思いがちです。しかしその職業が立派かどうかは、あまり当てにはなりません。

たとえば、こういう問いを立ててみましょう。

「野球選手と芸人はどっちが世の中に貢献しているか？」

漠然としていますね。片やバット、片やしゃべりで身を立てる。どちらも尊い職業です。

でもここに報酬という軸を入れると、評価は俄然《がぜん》明瞭になります。年収300万円の野球選手と年収2億円の芸人なら、後者のほうがはるかに世の中に貢献している印象があります。

世間からどう見えるかだけではありません。働く人は皆、報酬が評価の基準になることを、月々の収入を確認するたびに実感するでしょう。

お金なんてどうでもいい、と思っている人も、「努力した結果がこれだけ？」と感じる瞬間があるはずです。

それが積み重なると、いずれ疲弊します。そうならないうちに、やりがい一辺倒でなく「稼ぎ」も両立させることを考えたほうがいいと思うのです。

NKTの仕事術〈8〉

「報酬」という軸で今の自分の仕事を評価する

「損する職人」

になっていないか?

「やりがい至上主義」の人は、「コンテンツ至上主義」の落とし穴にも陥りがちです。

つまり、「いいものさえ作っていればいい」という思い込みです。

前に、ある番組のロケで、2軒のパン屋さんを訪問したことがありました。

1軒目のパン屋さんは、味には自信があるのになぜか売れない、とお悩み中。

そのパン屋さんの入り口には、「売れ筋ランキング」が表示されていました。クリームパン、カレーパン、アンパン、と美味《おい》しそうな名前が並んでいます。

そうかクリームパンが一押しなんだなと思いつつ店に入ると、なんだかピンとこない印象。陳列にメリハリがなく、何を売りたいのかが見えてきません。

そこで「一押しは何ですか？」と聞くと、「食パンです！　素材を厳選して、精魂込めて作っています！」とのこと。

――じゃあなぜ食パンを目立たせない⁉　そもそも外のランキング掲示、必要⁉

そうです。その店主さんは「精魂込めて美味しいものを作る」ことだけを考えていて、「商品をいかに見せるか」に関しては無頓着だったのです。

続いてもう1軒のパン屋さんを訪ねました。ここも食パンが目玉で、飛ぶように売れている繁盛店。

店に入る前からその理由がわかりました。

遠くからでも見える大きなポスターには、食パンが並ぶ写真をバックにした、店のポップなロゴマークが目を引きます。

店に入ると、レジ横の大きなゾーンにずらりと並ぶ食パンがまず目に入ります。サイドには、ライ麦や全粒粉を使った別バージョンの食パン。そして残りのスペースが菓子パンなど。店側の「売りたい優先順位」が明確に伝わってきました。

ほかにも、内装がオシャレ、店員さんの制服が可愛いなど、見せ方の差は歴然。

1軒目の店主さんもさぞ刺激を受けただろうと思い、「何かアドバイスを受けてみましょうよ、自由に質問してみて！」と話を振ったところ……。

その店主さん、2軒目の店主さんに、意気込んでこう聞きました。

「この食パンの味、どうやって出されているんですか!?」

違う、違うだろう。そこじゃないだろう！

そう心で叫ぶも、通じるはずもなく――。

これがコンテンツ至上主義の弊害です。

いいものを作ることにしか目がいかない、結果は後からついてくるだろう、と漠然と思うだけ。つまり、儲ける手立てを知らないし、知ろうともしない。

そんな「損する職人」が日本中津々浦々に眠っているかと思うと、歯がゆい限りです。

儲けようとすると芸が鈍る、なんてウソ

損する職人がぎっしりいるジャンル、それは何を隠そう、お笑い芸人の世界です。「面白さ」ばかり追求して、売れる方法を考えない芸人がなんと多いことか。

私に言わせれば、面白さは好みの差にすぎません。

売れている芸人なら、みんな一定の面白さは持っています。

では、売れていない芸人は面白くないかというと、これまた非常に面白い芸人さんが多いのです。

でも売れない。なぜなら「面白くなることだけ」しか考えないからです。

面白くて売れない芸人さんたちは、私のことを商売上手だと思うのか、よく相談に来てくれます。でも、いつも話が嚙《か》み合わないのです。

彼らは「絶対来年『M－1』で優勝するぞ」とか「『キングオブコント』でてっぺん取るぞ」とか、賞レースでの意気込みばかり語ります。

賞レースで優勝するために芸を磨くことが第一優先事項であり、それが、売れるための唯一の方法らしいのです。

しかしM－1で優勝していない芸人さんでも、活躍している人はいくらでもいます。

そこで私は、「もう面白さの点では十分でしょう、ほかにも売れる方法はあるでしょう？」と新しい視点を提供します。

そもそも「テレビに出ること＝売れること」ではないはず。

ぶっちゃけ、テレビは以前に比べてそれほど稼げる媒体ではなくなっている。動画配信の世界に活躍の場を移す人も増えている。

さらに言えば「売れる」以外にも儲ける方法はある。顔が知られていなくても実入りの良い仕事だってある。

この辺まで話すと、完全に「わけがわからない」という顔をされてしまい、お互いモヤモヤしたまま相談タイムは終わります。

もっと嚙み合わないのは、「売れたくない芸人」です。

いや、売れたいのは売れたいのでしょうが、「稼ぎを追求すると芸が鈍る」という謎のジレンマに駆られている方々です。

「売れてしまうと、やりたい芸ができない」と彼らは言います。じゃあこのままでいいのか、と聞くと「それじゃ生活できない」と答えます。

そう、先ほど登場した「やりがいvs.お金」の二項対立で悩んでいるのです。

ここで、再び言いたい。

やりがいとお金。この2つは二項対立ではありません。

芸事でも同じです。

クリエイティブな仕事をする人はお金に無頓着なほうがいい、という思い込みに皆が駆られていますが、そんなことはありません。

「センス」という一見不確かなものも、いかに世の中の（つまりは購買層の）感性とマッチさせるか分析することで、一定の方法論が見えてくるものです。

画家のダリも、キャンベルスープの絵でお馴染《なじ》みのアンディ・ウォーホルも、世の中の動きや人々の感情を微細に分析しつつ作品に反映させた「商売人」だったと言われています。芸術性とビジネスは、実は密接につながっているのです。

面白さと同時に、稼ぎ方も追求していい。

一般社会で生きる皆さんたちも、稼ぐことにもっと貪欲になるべきです。面白くて、やりがいがあって、かつ儲かる仕事とは何かを一人ひとりが考えて実践したら、日本の将来はもっと明るくなるでしょう。

稼ぐことは良いことであり、最高に楽しいことなのですから。

NKTの仕事術〈9〉

世の中を見渡して、モノが売れる方法やコンテンツの届け方を考えまくる

長時間労働は
ちっとも
偉くない

「稼ぐこと＝がめついこと」という誤解と同様、日本人に深く根付いた刷り込みがあります。

それは「長時間労働信仰」。

寝る間も惜しんで働く人はエライ、という価値観です。働いた時間分の対価をもらう労働者ならではの思い込みと言えます。

「休んだほうがいいよ！」と言われても「いやいや休めないんだ」と働き続け、ついには過労死――。その問題がクローズアップされ、政府が「働き方改革」に乗り出したのが2015年ごろのことです。

私個人の働き方改革も、このころから始まりました。

その端緒は、おそらくご存じの方も多いでしょう。

「イクメン」への挑戦です。

この挑戦はその後ダイナミックな変遷をたどることになるわけですが――すべての始まりは、妻（福田萌《もえ》）の〝SOS〟でした。

娘が生まれて1年ほど経《た》ったころのこと。妻から「もっと休みを増やして」と言われました。

家にいて家事育児に協力してくれないと、もう自分は限界だ、と。

それまでの私はご多分に漏れず、昼も夜もなく働く長時間労働マン。

芸人の仕事は不規則で、帰りも遅いし、休みと言えばたまたま仕事が入らないときだけ。家族と時間を合わせることなどほぼ不可能だし、それが当たり前だと思っていました。

だいたい、一芸人の身分で「休みを自分から申し出る」なんて、非常識もいいところ。超大物にしか許されないことだという暗黙の了解のもと、皆働いています。

「無理だよ！　『休みください』なんて言ったら、『スケジュール白紙にしてやろうか』って言われるんだから」

最初はそう抗弁しました。

しかし、妻の訴えはあまりに切実。

そこでまずは「週休1日」の要望をマネージャーに出してみました。

これが想像以上に大変でした。会社はもちろんいい顔をしませんし、同業者――とくに年長の方々の中には「何がイクメンだ、何が時短だ」という思いを抱かれた方も少なからずいました。風当たりの強い船出だったと思います。

ではスケジュールが白紙になったか、というと、全然、なりませんでした。まさに杞憂《きゆう》。週休1日を実現できてからも、コンスタントに仕事を得ることはできました。

「休んだりしたらつぶされる」という思い込みに駆られて、トライすることすら考えつかなかったけれど、やってみたらできたのです。

「芸人は寄席に出てナンボ、ネタを見てもらわないとすぐダメになる」という警告も何度か受けましたが、これまた思い込みでした。

オリエンタルラジオはかれこれ3年寄席に立っていませんが、現在も無事に活動できています。

私は相変わらず大学や地方のコミュニティなどから講演の依頼が来ているし、相方の藤森慎吾にはMCや役者のオファーが舞い込んできています。

職場の常識や世間の常識は、自分の手で変えていくことができる。

この認識が、私の働き方改革の第一歩でした。

「コスパ」で仕事を考える

こうして「週休1日」から始めたイクメンへのトライ。

しかしこれだけでは問題は解決しませんでした。

残りの6日に仕事を詰め込んで朝から深夜まで働き通し、残り1日は家族サービスに専心。当然、身体はボロボロです。

それでいて、妻が満足するかというとその反対。肝心なときに家にいないじゃないか、という不満が高まっていました。

妻が必要としていたのは、私が週に1日休むことではなく、家事育児がもっとも忙しくなる夕方～夜の時間帯に家にいることだったのです。

そこで、またまた職場の抵抗を受けつつ、その時間帯を避けて仕事を入れるようにしました。

これは「週休1日」よりも高いハードルです。7日分の仕事を6日にギュッと詰めるのと違い、仕事の量自体を減らす必要があるからです。

となると、考えるべきは「コスパ」です。

時間当たりの賃金が高いものだけに絞り込むことで、収入を落とさずに仕事量を減らせます。

そのとき抱えていた仕事をそれぞれ時給に換算し、コスパの良い仕事だけを残すことにしました。新たに入る仕事に関しても、そのつど所要時間と支払い額を確認する習慣ができました。

こうして、仕事量をかなり圧縮することに成功しました。しかも、収入は下がるどころか、逆に上がったのです。

これはコスパのよい仕事だけに絞り込んだことに加え、在宅仕事を増やしたことも勝因でした。かねてから携わってきたオリジナルグッズ関連の仕事や、後ほど詳しくお話しするオンラインサロン関連の作業を、家で行うようになったからです。

この仕事は、「労働」ではなく「運営ないし経営」なので、収入面も時間面もコントロールがききます。

こうして、妻や子供たちのそばにいながらお金も生める「新しい働き方」を、始めることができたわけです。

NKTの仕事術〈10〉

自分の仕事を時給換算して、コスパの悪い仕事は切るのも手

社会が作り出した
イメージを追っても
意味がない

タフな交渉を経て時短を実現、家事育児をこなし、しかも収入もアップ。まさに「無理ゲー」をクリアしてのけた、という自負がありました。

しかしそれは、勘違いだったのです。

2018年10月、私は「いい夫やめます宣言」をしました。

仕事が終わったら直帰する、在宅時間はとことん増やす、早起きして朝食は家族そろって食べるなどのルールを、私は自ら「やめる」と妻に告げ、そのことをメディア上でも公表しました。

結果、猛烈な抗議の嵐が起こったことは、皆さんもご存じかもしれません。

ウソつきだ、育児放棄だ、先祖返りだ、モラハラだ——と散々叩《たた》かれたこの一件について、改めて語っておきたいと思います。

良き夫・良きパパ像を追求し、それを実現できた気でいましたが、私たち夫婦のストレスレベルは、なぜか上昇していました。

私は頑張れば頑張るほど、妻から「できていない部分」を指摘されることになりました。家事のやり方や休日のレジャーをはじめ、あらゆることに事細かく「ダメ」が出たのです。

これは妻が悪いのではありません。

学校の先生も運動のコーチも、頑張る生徒に「できないポイント」を指摘しますよね。何かにトライするとき、満点を目指して「できない部分」に目が向くのは人間の習性として当然のことです。

しかし、夫婦の間でこうした採点をするのは苦しいことです。妻は妻で、非常に辛《つら》かっただろうと思います。

しかも私たちの場合、「満点」のイメージが不確かでした。

良き夫、良きパパの理想像はいまだに世の中に存在しない――実在の夫たちが達成できていない「何やらすごく素晴らしい夫」のイメージでしかありません。

そのイメージ通りの夫にならなくては、と私は思い、妻もそれを求めてきました。

しかしこれこそが思い込みです。

そのイメージは私たち夫婦が自分で考えたものではなく、世間でなんとなく醸成された理想像。それに自分たちを無理やり当てはめるのは無理があります。

人間には個性があります。個々の人間が、その特性を家族の幸福にどう活かすか、と考えるのが、本来の順番であるはずです。

私だからこそ実現できるパパ像、妻だからこそ実現できるママ像を、自分たちで作り上げていけばいい、と私は考えました。それが世の中が言う「いい家族像」と必ずしも一致しなくてもいい、もう無理するのはやめよう、と。

私たちはそういうわけで、「いい夫」「いい妻」「いい家族」をいったん忘れることにしたのです。

「パパ論」は「ママ論」に20年遅れている

「いい夫やめます宣言」以降、ネット上では私への批判が吹き荒れました。

その中で、擁護――ではないのですが、私の宣言について冷静に分析し、独自の見解を述べてくださったのが、小島慶子さんです。

小島さんは、「これまでになかった、当事者としての男性の生の声」として、私の発言に一定の意義を認めてくださっています。

小島さんによると、女性たちの生の声は、これまで交わす場がふんだんにあったとのこと。女性たちはママ友同士やネット上で、夫について育児について、家事と仕事との両立について語り合いながら日々の生活へと反映させてきた、と語ります。

そして男性はその点「周回遅れ」であり、実生活とのすり合わせもないまま、良きパパを始めようとしては失敗している、と指摘します。

イクメンを志す男性が、「育児も家事も仕事も完璧、しかもオシャレでカッコいい」という全方位ＭＡＸの理想像に突き進むのは、はるか昔に女性たちの間で憧れられた、キラキラママ像と同じだ、という言葉に私は深く納得しました。

そうです。女性たちもかつて、今の私と同じ葛藤を経験したのです。

キラキラママを理想とする風潮にストレスを感じていた一部の女性は、その後「こんなの無理でしょ」と声を上げ、雑誌に合わせるより自分らしくある道を歩みました。

こうした動きは、いわゆる昭和的な良妻賢母像との間でも起こりました。２０００年代にさかんに起こった、「ママブロガー」間での家事論争です。

「母乳で育てないなんてありえない」「お弁当に冷凍食品なんてとんでもない」という主張と、「何がいけないの？」という主張が激しくぶつかったこの論争はある意味、無数の女性たちの「いいママやめます宣言」だったと言えます。

こうして女性たちは意見を激しくぶつけ合いながら、やがて「できる人はやればいい、できなければ無理しなくていい」という社会に――つまり多様性を認める社会を形成していったのです。

男性たちにはまだ、その多様性はありません。大多数は家事育児に協力しない昭和メンタルな夫であり、ごく一部の夫がイクメンを手探りで目指している状態です。

このときイクメンが求められるのは、さしずめ「キラキラ夫」。仕事も育児も完璧にこなす完璧なパパです。

そこに「こんなの無理でしょ」と声を上げたのが、私だったわけです。

そう考えると、私は「先祖返り」や「逆戻り」をしたわけではないことがわかっていただけるのではないでしょうか。

家庭ととことん向き合って実践しなければ、何ができて何が無理かもつかめませんでした。私は肌身で知った上で、無理なことは無理、と言ったのです。

「いい夫やめます宣言」は、良き夫・良きパパのあり方をより推進させるためのアクションでした。今はまだまだ逆風が吹いていますが、いつか世間の人たちに理解していただけることを願っています。

NKTの仕事術〈11〉

社会が作り出すイメージに惑わされず、「できないこと」は無理してやらない

何をやりたいのか？
なぜやりたいのか？

いい夫・いい妻・いい家族という一律のイメージにとらわれずに生きようと決めた私は、「時短」に関しても同様に、いったん考え直すことにしました。

時短に成功した一方で、労働時間を一律に短くすることに疑問も感じたからです。

確かに、世の中では働き方改革の流れに乗って時短化を標榜《ひょうぼう》する企業が増え、「残業禁止」「6時以降はオフィス消灯」といった方策がさかんに取られています。

しかし業務量自体が減ったわけではなく、オフィスを追い出された社員たちはカフェや家に仕事を持ち込んで調整している、といった混乱も多数ありますね。

これ、何かに似ている気がしませんか？

私が思い出すのは、あの「ゆとり教育」です。

詰め込み教育の旧弊から脱するべく、文部科学省は全学校に向け一律に、授業時間の削減と内容の簡易化を断行。その末に起こったのは、教育レベルの低下でした。

これが、勉強が苦にならない子供の存在を無視した結果であったことは明らかです。一時期問題になった「全員で一緒にゴールする徒競走」と同じ間違いが、ここにも見られます。

人間には差異があり、その差異を効果的に組み合わせていくのが社会というものだ、と私は思います。

実際、「標準化」「平均化」の試みは歴史上、いつも失敗に終わっています。社会主義国家などその典型でしょう。賃金を一律にすることで訪れたのは平等ではなく、社会の停滞でした。

同じように労働時間も、「平均」の中に閉じ込めるべきではないのです。

では私自身はどうかというと、平均よりも「働きたい」と感じる人間に属することがわかりました。

コスパを考慮して仕事を取捨選択し、働く時間を大幅に圧縮したことで、自由な時間ができました。そのとき、その時間はやはり働いて過ごしたい、と思ったのです。

それも、ただ働けばいいわけではありません。

取捨選択の過程で、私は自分の中に、「やりたいこと」かどうかという軸があることに気付きました。

「自分は本来何がしたいのか」という根源的な問いが、そこにありました。

「働き方改革」について私たちが今抱いているイメージは、「働く時間を短くする」ことだけに傾きすぎています。少し考えてみたら、「良い働き方＝短く働くこと」なんておかしな話だ、とすぐ気付くはず。

では本当に良い働き方とは何か。

もうおわかりでしょう。

「やりがいがあって、かつ稼げる」ことです。

やりたいことをしてお金につなげること。これこそ理想の働き方です。

これを実現するには、とことん自分と向き合わなくてはなりません。何をやりたいのか、なぜやりたいのか、何のために働くのか。働く人の誰もが、明確にしておかなくてはいけないポイントです。

どんな仕事に幸福を感じるか

私も改めて、自分は何のために働いているのかを自問してみました。

お金持ちになりたいから？

それはＮＯです。

私は贅沢《ぜいたく》志向ではありません。「この程度の生活がいいな」と思う一定のレベルがあって、それができる収入を得られたらそれ以上稼がなくてもいいし、何かを買いたいとも思わないタイプです。

では、成功者になりたいから？

これまたNOです。個々のトライの成功は望みますが、成功者として崇《あが》め奉《たてまつ》られたいという欲はありません。

では結局、何を求めて働いているのか。

自分が取捨選択してきた仕事を思い起こしてみました。コスパが悪いから断った仕事、コスパが良いから受けた仕事、コスパが良くても、やりたくないからやらなかった仕事、逆に、利益にならなくてもやりたい仕事。

そして最後に、利益になるかどうかはまだわからないけれど、こうしたらもっと利益が増えるかも、と思えるような仕事――ここに一番心惹《ひ》かれることがわかりました。私費を投じて仕事を作り、人を募って運営して、もっと大きな利益を得る。そうした仕事をしているときに幸福を感じていることがわかりました。

これが、私の「やりたいこと」だったのです。

さて、時短へのトライで得られた自由な時間を、私は現在、家庭のためだけでなく、自分の活動に使っています。

アパレルブランド「幸福洗脳」を起業し、ネットショップに次いで、リアル店舗を乃木坂に開店。目下その運営に邁進《まいしん》中です。

自分で集めたスタッフと一緒にゼロから何かを作り上げていくことが、楽しくてたまりません。

一方、家事育児はどうなったか。

「結局、育児放棄じゃないか」、と批判する人もいるでしょう。

ご安心ください。ちゃんと回っています。

「無理はやめよう」と決めて以来、私たちはアウトソーシング――プロの助けもしっかり借りることにしました。

託児所、家事代行の業者さん、頼みの綱はいくらでもあります。

冷蔵庫にはプロが作った美味しい作り置きが1週間分用意してあります。親が作った手料理でないとダメ、という思い込みなど不要。豊かな食卓に、子供たちも大いに喜んでいます。

こうして、無数の「～しなくてはいけない」を一つひとつ解除しています。

まだまだ道半ばですし、これが正解だと言い切る気もありません。しかし少なくとも、妻は以前よりもずっと幸せそうで、夫婦仲も以前に増して良くなりました。

――でも、それについてはまた後々語ることにしましょう。

もう少し、「働き方の思い込み」について話を続けたいと思います。

NKTの仕事術〈12〉

やりがいがあり、稼げる仕事を見つけるためにとことん自分と向き合う

仕事は、いつか
飽きる

「芸人さんなのに、アパレルを手掛けるってどういうこと?」

そう思われる方もいるでしょう。

今回に限らず、私の「やりたいこと」は、随時変化を遂げています。

これは決していい加減なことではありません。

本来、人間は一つの仕事だけを続けられるものではない、と私は考えています。

仕事と人との関係は、「初心者期」「成長〜成熟期」「退屈期」という道をたどるのではないでしょうか。

初めてバイトに出勤したころ、新入社員として仕事を始めたころのことを思い出してください。最初は、戸惑いや不安を感じたでしょう。

しかし要領がわかってくると、俄然面白くなってきたはず。成長の実感、成果を生む達成感、周囲に役立てる嬉しさは格別です。

その期間が過ぎると、飽きが来ます。

全体像が見えてくると、成功や失敗のパターンも、成果の影響が及ぶ範囲も予測がつき、つまらなくなるのです。ガムを噛み続けていると味がしなくなるのと同じです。

私もかつて、漫才コンビとして舞台に立つことに飽きを感じるようになりました。

そのとき、興味の対象は音楽に移っていました。RADIO FISH結成後は、しばらく楽曲づくりに没頭する時期を過ごしていました。

さらにときが経つと、今度はマネジメントに興味が出てきました。

楽曲づくりはほかのメンバーに任せ、集客やグッズ作成、管理や収益の分配など、全体を運営する仕事に楽しさを感じるようになったのです。

そして、それにも慣れてきて——今はアパレル事業に夢中です。

このように、仕事に対する人の思いは常に変化します。

だったら会社員の方にも、きっと同じことが起こるでしょう。ならば、一生その会社に忠誠を誓う必要などありません。

次々と職を変えることに抵抗を覚える人もいるでしょうが、「ここでできることはやりつくした」と思うなら、転職を意識するのはごく普通のことです。

一つの仕事に習熟する間に、金銭的にもスキルにも「蓄え」ができているはず。それを元手に、もう一回り成長すべく新たなフィールドを探せばいいのです。

「やりたいこと」を求めて今の場所に別れを告げ、新たな出会いを得ていけば、スキルが多様になり、その質もさらに磨かれます。

楽しい上に、成長にもつながる理想の働き方ができるのです。

「別れ」は損失ではない

「そんな風に簡単に割り切れるか！」という声も聞こえてきそうですね。

そこにはたぶん、育ててくれた上司や先輩、苦楽を共にした仲間への思いがあることでしょう。仕事には飽きが来ているけれど、この温かい職場環境や苦楽を共にしてきた人間関係を手放したくない、という気持ちもよくわかります。

私にも覚えがあります。面白みを感じなくなっている仕事なのに、そこに集う方々との関係が快適で、つい続けてしまったことが何度かあります。

でも最終的にはいつも、「やりたいこと」のほうを選んできました。いい人たちに囲まれていても「面白みを感じない仕事＝成長につながらない仕事」はスッパリ断るスタイルが、いつしか染み付いていた気がします。

一見、ドライな選択に見えるかもしれません。しかし、実はそうではないのです。

良い人間関係という「財産」は、出会えたことですでに得られているからです。

幸運にも良い出会いを得て、努力して良い関係へと育て上げることができたのなら、それは素晴らしい実績です。その実績があれば十分であり、別れることは決して損失にはならないと思うのです。

「それでも、自分がいなくなると後に残された皆が困る」と言う人もいるでしょう。それも考えすぎです。あなたがいなくなっても、現場はなんとかなるものです。

私は幼少期に何度も転校を経験しました。その中で知ったのは、私がいなくなった後の世界も何ら変わりなく回っていくということ。さらに、友人と別れた後も関係はゼロにならないということです。昔の同級生と再会すれば、懐かしい話で盛り上がります。新たに何か頼みごとをされたら、意気に感じて引き受けたくなるでしょう。見ず知らずの相手とはまったく違う関係性がそこにはあります。これは出会った段階で、すでに財産ができている証拠です。

ですから「別れるのは辛い」と思う代わりに、「出会えてよかった」と思いましょう。関係を作れたことを喜んで、また次の場所に行けばいいのです。

NKTの仕事術〈13〉
「やりつくした」と思えるなら、新たなフィールドを探す

第3章

「やりたい人×できる人」が奇跡を起こす!

強みの見つけ方と活かし方

「人との違い」は
すべて才能

人間には差異があり、その差異を効果的に組み合わせていくのが人間社会における生き方だ、と前章で述べました。

この「差異」は、「才能」「強み」とも言い換えられます。

自分には何の才能もない、と思っている人は、今から言うことを肝に銘じてください。

どんな人にも才能はあります。

差異というとわかりづらいですが、「ほかの人と違うところ」は、すべて才能です。

私自身は、お笑い界という感覚的な人が多数を占める社会で、「自分はロジカルに考えられる芸人だ」という差異を発見しました。

「なんで、そんなに細かい分析をするの?」と周囲から言われるうち、「そうか、自分は理屈っぽいのか」と気付いた次第です。

この差異によって損をしたこともあります。「キツイ人」という印象を持たれてしまったことも数知れず。

ときどき初対面の方に「会って話すと怖くないんですね」と言われるのですが、それはとりもなおさず、画面を通して見ると怖いやつだということです。

とくに、3年余り務めたワイドショーのコメンテーター業では、このマイナス面が前に出てしまった気がします。

ゴシップやスキャンダルにコメントしようとすると、どうしてもその当事者を批判する言い方が増えます。私が「否定」の方向でものを言うと、思った以上にキツくなるのです。結果、誰かを怒らせたり傷つけたりしてしまうことがありました。

しかし、だからといって、自分を殺して周囲に合わせようとは思いません。

欠点は、美点にもなりうるからです。

理屈っぽくてズバズバ言う特性を、肯定的な言葉で活かしていけば、人を励ましたり、新しい視点を提供することもできます。

つまり、欠点と美点は、表裏一体なのです。

そう思うようになったのは、相方・藤森慎吾のおかげです。

彼の「チャラい」という特性は一見すると欠点ですが、それがチャラ男というキャラになり、仕事に結びついています。マイナスはすなわちプラスにもなりうるのです。

長年彼と仕事をする中で、人のことや自分のことを、そういう風に見るようになりました。

ということは――「人と違うところ」のみならず、「人よりダメなところ」でさえ、才能になりうるわけです。

第3章ではその観点に基づいて、働く人たちの「可能性の見つけ方」を語ります。そして、雇用者として複数の才能をまとめるコツについても、お話しできればと思います。

能力は「不足」から開花する

現在仕事をする中で、もっとも役立っている自分の才能は、「人の才能を見つける才能」と言えるでしょう。

この才能に、最初から気付いていたわけではありません。音楽の仕事を始めてから発見し、磨くことができました。

音楽の仕事をしたいと思い始めたとき、私は何一つ音楽に関する才能を持ち合わせていませんでした。

音楽好きなのに歌がうまくない。作曲もできない。ダンスだって上手とは言えない。なのに、ステージに立って歌って踊りたいという大それた願いを抱いたわけです。

となると、取れる方策は1つ。

周囲の人の力を借りることです。

これは、すべての仕事の基本ではないか、と私は思っています。「何かをやりたい人」がいて、「何かができる人」を集める、仕事はすべてこの構図でできています。

会社もそうです。経営者の志がまずあって、それを実現できる技能のある人材を集めるわけです。

私はあのとき図らずも「経営者」と同じことをしていたのです。

まず、プロダンサーである弟・FISHBOYに協力を仰ぎ、彼の人脈でダンサーを集めてもらいました。そして歌の上手な藤森にも参加してもらい、RADIO FISHが結成されました。

自分の力量を超えることをなすには、人を頼らなくてはいけません。

そして人に頼るには、相手の優れた点を見極める力が必要です。その必要に駆られて、私は人の強みを見つける才能を、やたら発達させてしまいました。

そう考えると、才能は「弱さ」を起点に進化するもの、と言えます。

鳥は、強い天敵から逃げるために、飛ぶ力を進化させました。

タンポポは自分で動けないから、綿毛を風に飛ばすという形で子孫を残す力を手に入れました。

能力は「不足」から生まれるものなのです。自分の「弱み」や「やりたいのにできないこと」に着目するのが、まずは第一歩です。

NKTの仕事術〈14〉

「今の自分に何が足りていないか」を自問する

空腹の状態で
自分の「**冷蔵庫**」
を覗け！

ただし、そう簡単に才能は見つからない、ということも覚悟しておきましょう。

人間、究極まで追い込まれないと、自分の可能性には気付かないものです。

厄介なことに、才能というものは、「自分ではなかなかわからない」性質があります。とことん追い込まれて初めて、自分では取るに足りないと思っていたことを、活用する気になれるのです。

想像してみてください。

あなたは今ものすごくお腹《なか》が空いている。ところが、外は土砂降り、コンビニは遠くて、車もない。

こうした状況で、どうやって空腹を満たしますか?

冷蔵庫の中の食べ物でなんとかするしかありません。

結果、目を皿のようにして冷蔵庫の中を探すことになります。

すると、いくつか「使えそうなもの」が見えてきます。

いくつか食べただけで忘れていた6Pチーズ（ポーションごとに包装してあるので鮮度はセーフ）。あとはホウレンソウが2把（少々萎《しな》びているけれど火を通せば問題ナシ）。そういえばお米も少々あったはず……。

これらをお湯で煮込めば、簡単なクリームリゾットくらいはできそうです。

同様の方法で、「自分の持ち物で自分をどう活かすか」を考えればいいのです。

私は、芸人になって3年経ったとき初めて、自分の冷蔵庫を覗《のぞ》きました。

オリエンタルラジオは「武勇伝」でいったん人気が出た後、その勢いを失った時期がありました。そのころ周囲では、「はんにゃ」や「フルーツポンチ」といった、同年代の芸人たちが次々に台頭していました。

フレッシュさでは彼らに勝てない。では彼らにないものは何だろう？

このようにして、「差異」を探し始めました。

そのとき見つけたのは、自分が慶應義塾大学を出ている、という経歴でした。

これは私から見て決して魅力的な特徴ではありませんでした。

芸人という職業は、学歴社会などハナから相手にしないようなキャラのほうが受け入れられやすいものだ、という思い込みがありました。「いい大学出ています」なんて面白くない、邪魔でしかない、と思っていたのです。

だからデビューのときも、学歴を公表することはありませんでした。

でも冷蔵庫の中にはこれしかない、と思ったとき、仕方ないなあ、これを使うか、という気になりました。

それが、巻き返しの始まりでした。

クイズ番組の仕事をいただくようになり、ここで自分が意外にニーズの高い人材であることがわかりました。

クイズ番組に出る高学歴回答者たちは俳優さんやアナウンサーの方々が中心で、芸人だと京大卒の「ロザン」の宇治原史規《うじはらふみのり》さんくらい。宇治原さんより下の世代は空席だったのです。

初めて高学歴であることが「使える」ことを知りました。ピンチにさらされなければ、この発見は得られなかったでしょう。

「自分探し」は1人でしない

この発見、1人でできたことは非常にラッキーでした。

今だったら、私は1人で冷蔵庫を覗くのではなく、人に「僕の強みって何だろう?」と聞いていたでしょう。

1人で見ていると、「6Pチーズなんて」「慶應なんて」の呪縛からなかなか抜けられません。前述の通り、才能は自分では見えづらいものだからです。

人間、生来の物は「当たり前」に見えてしまうのです。

人から見れば「すごいね！」「へえ、面白い」と思える特技や個性も、自分では取るに足りない〝残り物〟と思ってしまう、もしくは存在にさえ気付かない、ということが往々にして起こります。

ですから、人とたくさん接することが、才能を見つける上では有効です。

これは意外に盲点です。「自分に何ができるだろう？」と思うとき、人はつい1人で考えようとします。部屋に閉じこもったり、一人旅に出たり。

それは間違い。自分探しは1人で行ってはいけません。

人と話して指摘を受けること。これがもっとも近道です。

「すご〜い」「上手だね」「いいな〜」などの褒め言葉でなくても構いません。

「へえ、あなたって……」とか「え〜そういう人、初めて！」といった驚きでもいいですし、「それ、いつからやってるの？」など、相手が興味を示したことに着目するのもよいでしょう。

「変なの〜」とディスられるのもここではチャンスです。

「人よりダメなこと」は武器にもなるのですから、少々失礼なくらいズケズケ言ってくれる友人は、こういうとき頼りになります。

馴染みのある友人以外の人と会うのも効果大です。

普段は行かない飲み会に出る、普段は乗らない誘いに乗るなど、目先を変える手は色々あります。多様な場所に身を置くと、比較対象が広がって、自分の特徴にも気付きやすくなります。

とにかく、１人で閉じないことです。人は、人と関わって生きる生き物です。そして本能的に、人に役立とうとする生き物です。

そういう意味では、誰かを手伝ってみるのもおすすめします。ちょっとした作業を手助けしたり、誰かの話を聞いてあげたり、というところから、意外な自分の一面を見つけられるかもしれません。

ＮＫＴの仕事術〈15〉

自分の才能を見つけるために、たくさん人と出会い、ディスられまくる

「**そこそこ**」の
個性が組み合わさると、
「**逸材**」に化ける

自分で見つけたり、人から指摘をもらったりしたポイントに対して、「そんなの個性じゃないし、珍しくもない」「自分よりも、もっとすごいやつがいる」と思うこともあるでしょう。

しかしここにも誤解があります。

人は「個性」というと、何やら非常に際立ったものをイメージしがちです。ゴッホの絵のような強烈なものでないと個性とは言えない、と考えてしまうのです。

実は、個性とは、そのようなすごいものではありません。

しかし、これといって際立ったところのない個性同士を掛け合わせることで、強い独自性が生まれるのです。

そう語っているのは、教育改革実践家の藤原和博さん。

藤原さんは、「100万人に1人の人材」とは、1つの突出した才能ではなく、「100人に1人」程度の特徴が3つほど重なったときに生まれるのだ、と指摘しています。

たとえば、1回戦で負けたけれど、甲子園に出たことがあるという経歴を持つ人物がいるとしましょう。

野球は得意だけれどプロレベルではない。少々地味な才能です。

では、この人物が同時に、帰国子女だったらどうでしょう。

子供のころに帰ってきてしまったので英語力はほどほど。これまた、際立った武器とは言えません。

そしてもう1つ、仮面ライダーグッズのコレクターだったらどうか。これもまあ、珍しいというほどの個性ではありません。

しかしこの3つを同時に兼ね備えているとなると、これは100万人に1人の希少人材です。

それこそ、アメリカで「仮面ライダー」関連の商品を売る人材として、この人以上の適任者はいないでしょう。海外出張して、野球部時代の同級生に再会し、その同級生がメジャーリーグとつながりを持っていたりしたら、海外の人脈も大いに広がりそうです。

もちろんこれは極端な例ですが、「勉強もそこそこ、スポーツもそこそこ、俺って中途半端だな」と言っている人は、今すぐその後ろ向きな考えを捨てましょう。

中途半端でいい、一番じゃなくていい。「そこそこ」の個性を混ぜたり組み合わせたりすることで、何ができるかを考えましょう。

私なら、先ほど挙げた慶應卒。

同じ経歴を持つ人間は何万人もいる、珍しくもない特徴です。

でも、そこに「芸人」という職業を加えると、希少性は上がります。私の知る限り、慶應卒の芸人はふかわりょうさんと私だけ。30代では私だけです。

「慶應卒×芸人」という掛け合わせで、クイズ番組に出演ができるという強みが生まれたことは先ほど述べた通りです。

さらに3つ目の特徴として挙げられるのが、音楽活動。

「芸人×音楽」という掛け合わせでは、音楽番組の司会や、フェスのMCといった仕事ができます。実際、フェス出演とMC、両方のオファーをよくいただきます。出演アーティストの一組がMCも兼ねて間をつないだり盛り上げたりすれば、主催者側としてはとても便利なわけです。

この要領で、自分の個性を3つ、引っ張り出してみてください。

「富山県出身×双子の兄がいる×絵を描くのが好き」とか、

「実家がお寺×歌がうまい×子供好き」とか。

その手札を組み合わせると、社会の中でどんな役を演じられるでしょうか。職業でなくても構いません。3つ同時に活かさなくても、2つのすり合わせだけでも十分です。

「これは自分にしかできない」場面を、楽しみながら想像してみてください。

NKTの仕事術〈16〉

自分の好きなことや経歴を3つ掛け合わせて、自分にしかできないことを考えてみる

弱点は、**裏返せ！**

人との比較の中で「自分なんて大したことない」とネガティブモードに入ってしまう人もしばしばいます。

私にも覚えがあります。

2018年の夏、私はRADIO FISHのライブチケットを手売りで完売させる、というチャレンジをしました。

白状しますと、西野亮廣さんの真似《まね》です。西野さんは2000人収容のトークライブのチケットを1人で、手売りで完売させてしまう手腕の持ち主です。

正直、やはり意識してしまいます。そして気後れもします。

一方、RADIO FISHのライブは、半分の1000人収容。

「これで売れなかったら悔しいな……。いや絶対売れる、きっとできる!」と己を奮い立たせながら、1人で手売りを始めました。

しかしほどなく「待てよ」となりました。

西野さんと同じことをして、勝った、負けたと思うのはナンセンスだ。自分は西野さんではないのだから、と思ったのです。

そこで、西野さんにはなくて中田にあるものを見極めようと考えました。

西野さんは、自分のオンラインサロンを持っています。それは西野さんのためだけの集まりで、キングコングも梶原さんもタッチしていません。それだけに彼の独自性を出しやすく、彼のしたいことをスピーディーに実現できるのが強みです。

私もオンラインサロンを持っていますが、そこはオリエンタルラジオのファンも、RADIO FISHのファンも幅広く取り込んだ集まりです。

その意味では、中田敦彦の独自性は出しづらい。それを「弱み」だと、これまでは思っていました。

しかし今回は、RADIO FISHのチケット販売です。

それなら1人でやらなくても、藤森をはじめメンバーが6人いる。戦力にしてなんと6倍！　しかも売る枚数は西野さんの半分。負担は12分の1、断然こちらのほうがラクです。

いや、そもそも、オンラインサロンメンバーに協力してもらう手があったじゃないか、とも思いつきました。RADIO FISHのファンがたくさんいることが、ここでは強みとして働くのです。

「あの人はすごい、かなわない」と思う人がいるときは、「負けている」部分を裏側から見てみることが有効だ、と認識した次第です。

「ライブ通い」も強みになる

さてこのチケット販売、オンラインサロンメンバーの意外な才能を発掘できた出来事でもありました。

チケット販売は、選挙に似ています。と言ってもＡＫＢ48のような総選挙ではなく、政治家の方々がやるようなタイプの選挙です。

ＡＫＢの総選挙なら、１人のファンが何千枚とＣＤを買って特定のメンバーの票数を上げる、といった作戦が取れますが、世の選挙はあくまで１人１票制。これが、チケット販売にも当てはまるのです。

チケット販売の目標は、満席にすること。１０００人にチケットを買ってもらって、１０００人に来てもらうのがゴールです。

もしここで、１人のおじさんがチケットの買い占めを行ったらどうでしょう。

おじさんが１０００枚買ってくださったとしても完売は完売なので運営上の損は出ませんが、１０００人収容のコンサートホールに、おじさんが１人座っていたら……。

どんなに盛り上がってくださったとしても、演じる側は相当気持ちが下がりますね。

オンラインサロンのメンバーにも、それを説明しました。チケット売りは政治家の選挙と同じで、一人ひとりに「1票入れて」と頼む作業である、と。

そのとき、政治家を支えるのは後援会。オンラインサロンには400人近いメンバーがいますから、これはもうすごい戦力です。

その中で有志を募り、チケット販売を依頼。1、2枚渡して、売れたら売上金を渡してもらうシステムです。

ノルマ設定などは断じてナシ。「ごめんなさい、売れませんでした」でもOK。実際、「ダメでした」と帰ってくるメンバーもいました。

ところがその一方で、「売れたのでもう1枚ください」、さらに数日後に「もう2枚ください」と言ってくるメンバーがいるのです。

「君、なんでそんなに売れるの?」と聞いたところ、意外な背景がわかりました。

彼女は音楽好きで、色々なバンドのライブに足を運んできたそう。その中で何度も顔を合わせる人たちと、いわゆる「ファン友」の関係になり、音楽ファン同士の濃い人脈を形成していたのです。

しかし本人、これが強みだとはまったく気付いていないようでした。

「君を待ってたよ。すごい才能だよ!」と激賞したとき、初めて嬉しそうな顔をしたのが記憶に残っています。

いくつものバンドのライブに長年足しげく通ってきた、という、一見仕事に結びつきそうにもないものが、ここですごい威力を発揮したのです。

そしてここにも、「差異」という名の強みがありました。

サロンメンバーは、オリエンタルラジオを結成したころから応援してくれている人が多く、言わば「お笑いに詳しい」属性を持っています。反面、音楽畑には疎かったのです。

その中で、音楽ファンという彼女の個性は貴重でした。

以来、私はサロンメンバーの来歴を意識するようになりました。どんな仕事をしていたのか、どこ出身で、何人家族なのか。話を聞きながら、才能の鉱脈を探るのを楽しんでいます。

NKTの仕事術〈17〉

自分が時間をかけてきたことに着目する

「やりたい人」と
「できる人」、
君はどちらに
なる？

さて、ここで再び思い出していただきましょう。

すべての仕事は、「やりたい人」と「できる人」の掛け合わせである、とお話ししました。

これを会社に置き換えてみると、経営者が前者、労働者が後者です。

経営者は何かしらのビジネスをしたい。それには、人材が必要です。自分の希望をかなえてくれる労働者を雇う。

簡単に言えば、こういう関係です。

私は、RADIO FISHの活動や、オンラインサロンメンバーの協力を得たチケット販売の場では、「やりたい人」のポジションにいます。

一方で、「できる人」になることもあります。芸人としてテレビに出たり、クイズ番組で回答したり、音楽活動でフェスに出たりするときがそうです。

両方やっていてわかるのは、私が心から好きなのは「やりたい」仕事をしているときだということです。

私は人一倍、「やりたい」のエネルギーが強いようです。これまたほかの人と比較して発見した、強烈な差異です。

やりたいことはたいてい、1人ではできないので、「できる」人を集めます。新たな

「やりたい」ことが発生するたびに、周囲に「これ、できる？　できる人を知ってる？」と聞いて回ります。

聞いて回ると、意外なほど早々と、目当ての人材に出会えます。

私が50人に聞いて、その50人がそれぞれ50人に聞くとすると、およそ2500人から探すことになります。2500人いれば、適任者はすぐ見つかります。

というより、世の中いかに「できるのにやらない人」が多く眠っているかに驚かされます。まさに、日の目を見ない才能です。

「できる」人はなぜか、「やりたい」に結びつけないのです。これは、私からするととても不思議です。

でも、だからこそ「やりたい」の塊である私のような人間が必要なのでしょう。

仕事が動き始めたら、「やりたい」と思う人間が、皆の進捗をチェックします。「どうなってる？」と聞かないと仕事は止まってしまいます。

なぜなら、「やりたい人」と同じレベルのエネルギーは、「できる人」にはないからです。「どうしても、あの山に登りたい！」と思う熱量が、登れる能力を持つ人にも同じようにあるとは限りません。

これまた、会社のシステムと同じです。進捗チェックは、上の人間の大事な義務です。

さて皆さんは、やりたい人とできる人、どちらに当たりますか？

「できる人」をやりながら、もっとその範囲を広げたり、レベルを高めたりするために誰かに何かを頼みたい、と思うことはありますか？

ここにも、適性を見抜くヒントが隠れています。

「私なんか」という言葉は封印せよ

「できる人」と接していてしばしば歯がゆく思うのは、「これ、できる？」と聞くまで、何も言い出さないこと。

そして二言目には、「いやあ僕なんか……」「私なんか……」と謙遜することです。

おそらく、自分の中の「できる」に気付かなくて、「できない」の部分ばかりが見えてしまうのでしょう。

ここまで述べた通り、才能は自分では気付きにくいもの。しかし、だからといってわざわざ「できない部分」を見て劣等感を募らせる必要などないのではないでしょうか。

先日、心底呆《あき》れた一件がありました。

相方・藤森慎吾が、芸人仲間と行った飲み会の席で、「俺は、あっちゃんみたいに企画を立てたりプロジェクトを考えたりできないしな、いつか捨てられるかもな〜」とぼやいていたそうなのです。

まったく、なんて自分が見えていないやつなのでしょう。

彼はすごい才能の持ち主で、彼へのニーズはこれからも世の中にあり続けるはず。それ以前に、私が彼を手放すわけがありません。

そんなことにも気付かず、「自分にないもの」ばかり見ている彼ときたら……。

私にあって彼にないもの、彼にあって私にないもの、その両方が組み合わされて、オリエンタルラジオは成り立っています。RADIO FISHもそうですし、すべてのユニットが――社会全体がそうして回っています。

誰もが得意不得意を持っていて、それぞれに価値があります。

人と接しながら仕事を進めるのが上手な人も、密室でコツコツと仕事を進めるタイプの人もいて、その双方にニーズがあります。

密室タイプでも、「自分はコミュニケーションが不得意で……」なんて縮こまらなくてOK。そういう精緻な職人仕事を求める組織は、世の中にいくらでもあります。

そうやって多種多様な人々が連携してきたからこそ、人間は地球上で生存し続けたのだ、と私は思っています。

だから、「私なんか」という言葉は今すぐ封印しましょう。そんな卑屈でしみったれた言葉は、地中深くに埋めてしまいましょう。

「自信を持て」と言っているわけではありません。

自信なんて、結果が出ないうちは持てなくて当然ですから。

大事なのは、「やりたい人」に仕事を任される機会が巡ってきたら、たとえ自信がなくても、胸を張って「任せてください！」と言うことなのです。

それができて初めて、仕事に全力で立ち向かう勇気と、責任を負う覚悟ができます。

「私なんか」は、そこから逃げる、卑怯《ひきょう》な言葉なのです。

ＮＫＴの仕事術〈18〉

「できる人」と「やりたい人」、自分はどちらのタイプなのかを見極めて、行動する

人の才能は、
顕微鏡で観察し、
ピンセットで
分解するように
引き出す

もう1つ、藤森の話をしましょう。

彼の天性の明るさに魅力を感じていた私ですが、オリエンタルラジオ結成当初、私は彼の才能を本当に理解していたとは言えませんでした。

「どんなネタをやりたいの？」と聞くと、彼の答えは「わからない」。意見も言わない、案も出さない。「コイツ、やる気あるのかな？」と、少々不安になったくらいです。

ところが、私がネタを書いてから藤森に見せると、彼は俄然輝き出しました。クリエイティブな意見や発案が次々出てきて、私の作ったラフなネタ案は、見事にブラッシュアップされました。

つまり藤森は企画が苦手なだけで、大枠さえ示せば抜群に輝く人材だったのです。

そこで私は藤森に「部分発注」をすることにしました。「ここに入れるセリフをこういう雰囲気で、この文字数で考えて」というように、厳密な指定を加えて頼むたび、彼はその制約を見事にクリアしてきます。

藤森は、世間のイメージとは違って、とても努力家で誠実で、やる気の高い人間です。そんな彼の一面を知れたことは、私の大事な財産です。

頼み方一つで、人の才能を見落とすこともあれば引き出すこともできるのだ、と学べたのも彼のおかげです。

それから時は流れ、私は今さまざまな活動を通して、「人の才能を見抜く才能」を目いっぱい使っています。

そのコツを一つ、ここで伝授しましょう。

それは「精緻に見ること」です。

たとえば「サッカーの才能がある」という言い方では、あまりに大まかすぎます。得点力があるのか、守備力に優れているのか、ボールを奪う能力が高いのか。それぞれまったく違った才能であることがわかるでしょう。

このように、才能や能力とは、本来とてもピンポイントなものです。

1人の人間の中で、このピンポイントな才能が、別の個性によって抑えられてしまっている、ということも起こりえます。

藤森が、「本当はアイデア豊かなのに企画が苦手」なのはその典型例です。

なぜうまくいかないのか、どんな個性と個性がバッティングしているのか、それはどうやって取り除いたらいいだろう――顕微鏡で細かく観察し、ピンセットで構造物を分解するように、問題点を取り除いていく。

そんな思考を巡らせるのも、今の私の大きな楽しみです。

トライアンドエラーの繰り返しでようやくわかる

オリエンタルラジオは2人編成なのに対し、RADIO FISHは6人編成。才能の組み合わせ方は、コンビのときよりはるかに複雑です。

ところがここでも私は最初、才能を大雑把に見すぎてしまいました。

RADIO FISHには、Show-hey、FISHBOY、SHiN、RIHITOという4人のダンサーがいます。この4人に振り付けを頼もうと考えて、一つの曲を単純に4分割して渡したところ……非常にチグハグな、出来の良くないものになりました。

「ダンサー」とひとくくりにするのではなく、才能の質を細かく要素分解しないといけなかったのだ、と思い至りました。

そこでよくよく各メンバーを観察してみると、細かな適性の違いが見えてきました。

たとえばShow-heyは、演出や振り付けの才能がずば抜けている。弟のFISHBOYは、ダンスそのものを追求したいアスリート気質。SHiNは人に教えるのが得意で、RIHITOは完成品をチェックする才能に秀でていました。

同じダンサーでも、これだけの違いがあるのです。となると、振り付けを誰に頼むべきだったかは一目瞭然。改めてShow-heyに一任し、飛躍的に改善することができました。

このときもう1つ学んだのは、「才能は、最初からわかるはずがない」という割り切りです。細かく観察して才能を要素分解しようにも、トライアンドエラーを重ねない限り、それをつかむことはできません。

実践と失敗を経ることで、次の方策がわかるのです。失敗を嫌がらず、何度も試すことが重要です。

ボーカルでも、そうした試行錯誤がありました。

最初、私と藤森の歌う配分はだいたい均等でした。藤森のほうが、歌が上手だとは知っていましたが、その力量の差は何度か合わせないと、気付きませんでした。彼のほうがはるかにうまいとわかってから、私の配分は徐々に下げていきました。

このように何度かトライアンドエラーを繰り返すこと。その中で「何をやりたい?」と随時メンバーの意思を確かめること。

これが、「適材適所の秘訣《ひけつ》」と言えるでしょう。

なお余談ですが、「大枠がないと作れない」という藤森の習性はRADIO FIS

Hでも健在。ラップを書くのは得意なのに、歌を最初から作るのは苦手なようです。そこで私が歌詞を書き、ラップの部分だけを空けて部分発注。すると非常にスピーディーに作ってきました。

彼と仕事をして10年以上が経ちますが、「人って簡単には変わらない」と実感します。

NKTの仕事術〈19〉

適材適所の前に、個々の能力を精緻に分析する

「すごい武器」
はいらない。
足元の石を拾って
投げろ！

才能の見つけ方、活かし方、引き出し方について語ってきましたが、私自身、まだまだ発展途上です。

今でも失敗はよくしますし、皆さんに向かって「『私なんか』って言うな！」と熱く言っておきながら、つい私が弱気になることも。

今、私はアパレルの世界に、完全な素人として参入しようとしています。この世界に旋風を巻き起こしてやる、と宣言したものの、「大丈夫なのか自分？」という思いに駆られることもあります。

でもやはり、立ち返っていくのは、「相手になくて、自分にあるものは何？」を問い続ける姿勢です。

どんな強大な相手でも、その視点で見れば意外に戦えるものです。

私のブランド「幸福洗脳」は、「＃ＦＲ２」というブランドを目標にしています。

まあ、常識的に考えて、大それた目標です。

代表の石川涼氏は、メンズブランド「ＶＡＮＱＵＩＳＨ」を手掛けた、その道のカリスマ。フォトグラファーの顔も持ち、「＃ＦＲ２」ではインスタグラム上での情報発信を宣伝の中心媒体に置く先進的手法を展開。スタイリッシュかつ挑発的な写真で目を引く売り方は、私にはとても真似できません。

では、彼になくて私にあるものは何でしょうか。

それは「ラジオでＰＲする」という宣伝方法を取れることです。

幸福洗脳の立ち上げとほぼ同時に始まった私のラジオ番組、「オリエンタルラジオ中田敦彦のオールナイトニッポンＰｒｅｍｉｕｍ」では、このプロジェクトの進捗をほぼリアルタイムで伝え続けてきました。

「中田がラジオに出られるのは芸能人だからだ。〝飛び道具〟を使うなんてズルイじゃないか」

こうした声もいただきました。

いやいや、目標が強大すぎる以上、使えるものは何でも、なりふり構わず使うしかないじゃありませんか。

だから、足元の石を手当たり次第に拾って投げる気でいます。

この姿勢、カッコいいかどうかはともかく、皆さんも見習って損はありません。

大きなものに挑戦するとき、人がよく陥るのは「すごい武器」を使おうとする、という間違いです。

目標とする対象はたいてい、そういうカッコいい武器を持っているからです。

その人と同じくらいすごい日本刀やマシンガンを、自分も持とうとするのです。そんな大それた武器は簡単に手に入りません。

そして、「無理だ、できない、勝てない」と、思考停止に陥ります。

でも、ポッと出にはポッと出の戦い方があるでしょう?

相手が立派な刀を研いでいる間に、足元の石を投げまくればいい。

うまいこと後頭部にぶつけられたら、こっちの勝ちです。

——というわけで現在、私はアドレナリン全開。

次の章では、そんな私の「素人の挑戦」について知っていただきましょう。

私の「〜したい」と周囲の「〜できる」をどう形にしていったか、余すところなく語りたいと思います。

NKTの仕事術〈20〉

高い目標を掲げたら、実現に向けて使えるものは何でも使ってみる

第4章

プロ崇拝などナンセンスだ!

"Just Do It."のすすめ

お金をもらえたら、
その時点で「**プロ**」

「やりたい人×できる人」で、仕事は回る。

このことは第3章を読んでおわかりいただけたと思います。

では、「やりたい人」が実際に行動するには、どうするか。

自分でやるか、できる人を集めるか、この2つの方法があります。

いずれの場合も、絶対不可欠な心得があります。

"Just Do It."

「とにかくやってみろ」ということです。

ナイキの社訓となっているこの言葉、私の信条でもあります。

ところが、これが意外と皆できないのです。

私が「やってみよう」と呼びかけると、「だって素人だし」「まだ実績がないし」「無名だし」「プロの中に入っていく勇気はないし」……まあ出てくる出てくる、生ぬるい言い訳が。

こんな気後れに惑わされるのは、もうやめましょう。

そもそも、素人とプロを分けるものはなんだと思いますか？

スキルの差でしょうか。

違います。

プロだって失敗します。ベテランの芸人でもスベることはあります。

これができればプロ、できなければ素人、なんて区切りは本来ないのです。

ジャンルを問わず、「お金さえもらえたらもうプロ」だと私は定義しています。

私はお笑いのプロであり、音楽のプロであり、ダンスのプロであり、そしてアパレル界でもプロです。Tシャツを売って、お金を得られているのですから、当然です。

「いわゆるプロ側」から見ると、面白くない意見かもしれませんね。

たとえばあなたが、自分を何かのプロだと自任しているとしましょう。

もしそのジャンルに新規参入してきた誰かが、デキがいいとは到底言えないような商品を出していたら、やはり「素人が出る幕じゃないよ」と思うのではないでしょうか。

その気持ちもわかります。

でも1年後、あるいは2年後、その素人は素人でい続けるでしょうか。

本人がその場所に身を置いている限り、それはありえません。

素人状態で業界に飛び込んで、ときに失笑を買いながらめげずにアウトプットする。

するとスキルはどんどんアップデートされます。

私と音楽の関係もそうでした。RADIO FISHを始めたころのスキルは、楽曲づくりも何もかも〝ママゴト〟のようなものでした。

それから5年経った今、私は人のプロデュースもできるようになっています。

2018年12月にSKE48の古畑奈和《なお》さんがリリースした1stミニアルバム『Dear 君とボク。』で私はプロデューサーを務め、3曲の楽曲提供を行っています。かつて、芸人としてリズムネタを作っていたころから考えると、信じられないほどの変化です。

〝Just Do It.〟の精神でとにかく続けていれば、自分自身でさえ想像しなかったような場所に行けるのだ、と実感します。

その意味では、むしろずっと素人でいるほうがいいとも言えます。

素人でいる限り、チャレンジし続けることができるからです。「プロ」に安住すると、習熟したことの繰り返しになり、変化や成長の要素が生まれにくくなるのです。

もちろん、何十年も一個のことをつきつめる方々にも素晴らしい価値があります。それを重々承知の上で、あえて言いましょう。

ずぶの素人でも、同じ土俵にズカズカと入っていい。

バカにされることさえ恐れなければ、その先に飛躍が待っています。

NKTの仕事術〈21〉

素人だからこそ、思いきってプロの領域に飛び込む

やりたいことを
言え！
言ったら**やれ！**

何もわからないまま飛び込んだ世界、という意味では、2018年5月に始めたオンラインサロン「NKT Online Salon」も同じです。

近年、堀江貴文さんやはあちゅうさん、同業者では西野亮廣さんが始めているこの会員制ネットサービスに私は興味を持ちました。

何をするところなのか、何ができるのかまったく見えない。でも、わからないまま始めてしまおう、と思いました。

まず、仲良しのよしみで西野さんのサロンに入会させていただき、雰囲気をつかんでから自分も開設。無謀と言えば無謀です。

でも、そんなものでいいと思うのです。ブログもツイッターもFacebookも、最初はわけもわからぬまま、一部の好奇心の強い人が始めたことから浸透していったのですから。

それにしても、会員から会費を募るというこのシステムは何だろう？ファンクラブのようなものなのだろうか、チケットの優先販売やオフ会などをすればいいのだろうか……よくわからないまま、サロンが発足しました。

その後徐々に、それ以上の要素があるとわかってきました。

オンラインサロンというものは、一種の「塾」なのです。

Ｆａｃｅｂｏｏｋをベースにした場なので、全員が実名で加入します。発言に相応の責任を持ちつつコミュニティを作るため、ツイッターなどよりも治安ははるかに良好。悪口や中傷とも無縁です。

それ以上に、このコミュニティに集う人々は、向上心が強いのが特徴。ビジネスノウハウを知りたい、業界情報を知りたい、スキルを上げたい、など何らかのインプットを求めて人が集まってきます。セミナーやワークショップに足を運ぶような、「意識高い系」の人たちで形成される場なのです。

会員が増えるにつれ、私はここが、人の才能と可能性を発掘する場になるかもしれない、と思い始めました。

オンラインサロンで「やりたいこと」の募集をかける

向上心の強い人が集まるコミュニティのまとめ役として、私は何をすべきか。とりもなおさず、何か課題を提供することだ、と考えました。

そこで、「やりたいことを言ってみよう」という記事をアップしました。

そうはいっても何を言っていいかわからないだろうと思ったので、まず私自身のやりたいことを書きました。

「タレント業、音楽プロデュース業、出版業、講演会等さまざまに活動しているけれど、自分は究極的には、総合的なエンターテインメント企業を作りたい」

「吉本興業の芸人が、吉本と同じ分野——いやLDHやジャニーズのような分野をも含んだ、笑い・音楽・映像等のエンターテイナーを育てる場を作りたい。そうした場でもし一緒に仕事をしたいと思うなら、ぜひ皆さんもやりたいことを言ってほしい」

そう呼びかけたところ、次々に反応がありました。

「ライブが好きだから、ライブにスタッフとして入りたい」
「デザインの知識があるのでライブグッズを作りたい」
「ファッション好きです。衣装を作りたいです」
「ブロガー歴が長いので、イベントの記事を書きます」

などなど、多種多様なジャンルの「したい」「できる」が集まりました。

そこで最初に手を挙げた人を、「○○部」のリーダーに任命。

デザイン部・音楽部・ファッション部・記者部などいくつもの部が発足しました。

ユニークなところでは、バリアフリー部という部署があります。

そもそものきっかけは、車いすを使っている方から「介助の方がいるのですが、ライブチケットを2枚買う必要がありますか?」という問い合わせが来たことでした。

それなら1人分にしよう、と言うと、それはそれで少々居心地が悪いとのこと。

ならば通常3500円のチケットとは別枠の「ペアチケット」を作って、こうした介助の方と一緒に来られる方や、子供連れの方は2人で5000円にしよう、と決まりました。

これをきっかけにバリアフリー部を開設し、車いすの方のほか、さまざまなハンディキャップのある方に対応できるノウハウを形成していこう、ということになったのです。

以上の動きは、わずか1週間以内に起こったことです。

開設後1週間でまたたくまに200人もの会員が集まり、語り合い、グループを作り、業務体系ができ、さらに人数が増えていく。一つの社会が形成されていくさまを、私はつぶさに体験することになったのです。

「無理そうな目標」を口に出してもらう

部署ができたら、今度は個別のミッションが必要になります。

そこで、さらにこんな具体的な呼びかけをしました。

「記者部の皆さん、今度出す本のタイトル案を考えてみてください」

「デザイン部の皆さん、次のライブでサロン発のグッズを出しましょう」

同時に「自分が目指しているもの」を、随時口に出してもらうよう働きかけることも始めました。それも、簡単に達成できないことを言う、というルールつきです。

「ファッションデザイナーになる、女優になる、とか何でもいい。大きなことをあえて宣言してほしい」と言いました。

もちろんこれには勇気がいります。恥ずかしい、自信がない、という反応が返ってくることも少なくありません。

これは今まで、周囲から冷たくあしらわれたからでもあるでしょう。

世間はとかく人の野望に冷水を浴びせるものです。

「無理に決まっている」「考えが甘い」とポテンシャルを否定したり、「今ドキそんなの流行《はや》らない」と、アイデアを批判したり。

でも、そこでしょげ返っていては何も始まりません。周囲からどう思われようと意思を示し続けるメンタルを鍛えるのも、私の大事な役割です。

夢や野望は、口に出せば実現に向けて動き出します。人に言ってしまうと、責任が生じるからです。

「東大に入る！」と言えば、「へえ、そうなんだ、で、勉強頑張ってるの？」と、その後の行動を人にチェックされます。

でも、宣言すれば動き出さざるを得なくなるのです。

そう、ここも〝Ｊｕｓｔ Ｄｏ Ｉｔ．〟。言った以上やるしかないのです。

やりたいことは言う、言ったらやる。

「やりたい」を「できた」に結びつけるものは、結局のところ、この2つだけなのです。

ＮＫＴの仕事術〈22〉

「よくわからないけど、やりたい」という気持ちを大事にする

小さな成功体験の
積み重ねが、
コンテンツを
強化する

オンラインサロンの最初のイベントは、バーベキューパーティでした。

バーベキュー企画部を立ち上げ、参加者を募り、業務を分担して準備をし——

当日は見事に成功しました。

さてこの「成功」、何をもって成功とするか。

ゴールはズバリ、「参加者60人で、写真を撮れれば成功」。

サロンメンバーは200人を超えていますから、メンバーさえ集まれば目標達成は楽勝です。

なぜこんな簡単な目標を掲げたか。

それは、イベントの目的が「サロンの加入者を増やすこと」にあったからです。

ネット上に「バーベキューパーティをやったよ！」という楽しそうな写真が載れば、集客の追い風になります。それさえ達成すれば、あとは正直なところ、「頑張らなくていい」。

肉が硬かろうが、食材が足りなかろうが、進行が少々拙《つたな》かろうが問題ナシ。極端な話、参加者の中に「もっといろんな人としゃべりたかったのに」と思いながら帰った人がいたっていいのです。

60人全員が楽しんでくれるイベントなんて、高すぎる目標設定です。

今後何度も開くことになるイベントなのですから、最初からMAXを目指す必要はありません。

これくらい軽めの目標設定にすれば、企画部のみんなが気軽に〝Just Do It.〟できる、と考えました。

「夢は大きく語れ、と言ったばかりのくせに」と意外に思われるでしょうか。

いえ、決して矛盾しているわけではありません。

志は高いほどいいけれど、目の前の課題は難易度をあえて低くして、小さく成功体験を積んだほうがいい、ということです。

成功を体験すれば、2度目、3度目にトライする意欲が湧きます。

バーベキュー企画部のみんなも、きっと開催5回目を迎えるころには、仕切りの達人になるでしょう。

デザイン部のメンバーに対しても、同じようなスタンスで接しています。

彼らの間では「今までに見たこともないようなグッズを作りたい！」といった意気盛んな声が飛び交っていますが、正直言えば、最初はありきたりのデザインでもいいと思っています。

より大事なのは、皆で話し合って、形あるものにして発売する経験を積むこと。「作って売る」ことそのものがゴールです。

このゴール、体験してみるとわかるのですが、ものすごく嬉しいものです。

私で言えば、RADIO FISHで初めて曲を作ったときがそうでした。

ノウハウもよくわからないままなんとか1曲作れたとき、レコーディングスタジオで要領もわからぬまま歌ったとき、その曲を配信したとき……小さな一歩が形になるたび、すごい幸福感がありました。

その幸福感が「もっと先に進もう」という気持ちの源になるのです。

NKTの仕事術〈23〉

最初から完璧を目指さなくてもいい、徐々にアップデートしてゴールを目指す

恥をかけ！

志は高く、目の前の目標は小さめに。これが基本ですが、「そんな目標、高すぎて無理」と言われたこともあります。

イベントで皆が集まったとき、「名札をつけるな！　名札ナシで全員の名前をフルネームで覚えるんだ！」と言います。

名札を見るとそれに頼ってしまって記憶に残りません。

でも、名札ナシで名乗り合うと「忘れるまい」と頑張るし、忘れても必死で思い出そうとするはず。

——という理屈で、「そんなの無理！」という声を無視して名札ナシを通しています。

名札も見ずに名前を覚えるなんて無茶な要求でしょうか？

そんなことはありません。私は、1度のイベントで300人のフルネームを覚えられます。

「そんなの、みんなができるわけじゃない！」

それも誤解です。

人間の脳の性質を利用すれば、誰でも意外に簡単に、覚えられるのです。

「エビングハウスの忘却曲線」というものをご存じでしょうか。人間は、情報を認識した20分後に42％、1時間後に56％、1日後には67％を忘れる、という学説です。

ごく簡単に言うと、「人間の脳は、情報に触れた直後ほど勢いよく忘れる性質を持っている」ということです。

逆に言えば、直後に何度も情報に触れ直せば、覚えられるということ。

忘れかけたところにもう1度インプットすると、折れた骨がつながるときに強くなるのと同じように、強い記憶になります。

だから私は、イベント時に相手のフルネームをとにかく何度も呼びます。

自己紹介の後の数分間で立て続けに呼び、20分後にもう1回、1時間後にもう1回。

それでも忘れることはもちろんあります。ならば「もう1度、教えて」と頼みます。

それでも忘れたらまた聞く。またまた忘れたらまたまた聞く。

これで覚えられます。

このノウハウを教えると、みんな「そんな失礼なことできない!」と尻込みします。

そこで、私はビシッとこう宣言します。

「志の低いことを言うな!」

「失礼な人間だと思われたくない」だなんて、目標が低すぎませんか。

本当の目標は、悪く思われることではなく、きちんと名前を覚えることでしょう。ならば何度でも聞き直すのみ。失礼だ、と思うほうが間違っています。

人間の脳の性質上、知り合った直後ほど忘れやすいのは当然のことなのですから。妙な気遣いや罪悪感が可能性を大幅に狭めていることに、気付いてほしいものです。

そのブレーキを取っ払って、「ごめん、また忘れた！　教えて！」と繰り返せば、300人の名前を覚えるなんて、実は簡単なことなのです。

NKTの仕事術〈24〉

他人からどう思われようが、自分の信念を貫く

仕事を振る前に、
自分で試せ

〝Ｊｕｓｔ Ｄｏ Ｉｔ．〟を周りにすすめる以上、「率先垂範」が大切です。

私は、人に仕事を振るとき、まず自分がやってみて要領を確認しています。グッズの価格設定、ネット販売、ライブでの手売りなど、小さい規模で自ら実践してみて、「ああ、ここが適正価格か」「こうすれば売れやすいのか」などの感覚をつかみます。その上で人に頼めば、無理な指示を出すこともなく、内容も明確になり、ムダがなくなります。

オンラインサロンでのグッズ販売は、1冊のノートから始まりました。ＲＡＤＩＯ ＦＩＳＨのオリジナルグッズとして、私がデザインしたノートを作り、それをライブや講演会で販売したのです。

軌道に乗ってからは、別のグッズも作って通信販売をスタート。サイズが小さく軽い商品に限定し、レターパックを利用して送料を抑え、あとはひたすら発送。その作業も1人でやっていましたが、とても1人では無理だと思った段階で人に任せることにしました。

このときは、任せた女性スタッフから、アイデアを提供してもらうことができました。彼女からすすめられたのが、「Ｗｉｘ」というホームページ作成の無料サービス。ここでならネットショップも開けるし、動画や音楽もアップロードできる。このホームページに情報を一元化してはどうか、と。

そう言われ、再び自分でオフィシャルサイトの作成にトライ。

予想に反して、きわめて簡単でした。専門知識の必要はゼロ、Ｗｉｘの用意したテンプレートに沿っていけば、素人でも短時間でオシャレなホームページを作れることがわかりました。

こうして通販の規模はさらに拡大。楽曲のダウンロード販売や、ストリーミングサービスもできるようになりました。

Ｗｉｘ上のオンラインフォーラムにサロンの拠点を移し、12月からは、サロンを2つに分割。部活のノリで和気あいあいと楽しむ「ＵＮＩＴＥＤ」と、私の伝授するビジネスノウハウを学び、実地で体験したい人々が集まる「ＰＲＯＧＲＥＳＳ」を新たに発足させました。

ＮＫＴの仕事術〈25〉

ムダな指示をなくすために、まずは自分が試してみる

商品の質は「ストーリー」でカバーできる

2018年10月2日、私はオリジナルファッションブランド「幸福洗脳」のネット販売を開始しました。

翌3日に初回を迎えたラジオ番組「オリエンタルラジオ中田敦彦のオールナイトニッポンPremium」でも大々的に宣伝。この番組は半年間の期間限定なのですが、この間にどこまで花火を打ち上げられるか——最大級の挑戦の始まりです。

さてこの「幸福洗脳」というブランド名、相当怪しいですよね。

これには理由があります。

実は私が始めたアパレル事業は、とことん「逆張り」に徹したもの。幸福洗脳の名前もその方針に沿ったものです。

1つ目の逆張りは、「着づらいTシャツを作ろう」という方向性です。食べ物にたとえると、ギトギト脂たっぷりの「ラーメン二郎」のようなTシャツです。

Tシャツと言えば、「Supreme」という人気ブランドをご存じでしょう。ナチュラルでシンプル、さりげないオシャレ感、そして信じられないほどの高価格。

一方、低価格帯で人気なのは、誰もが1枚は持っているユニクロや無印良品。

これらに追随すると、きっと失敗します。

現在人気を集めているものはいわゆる「レッドオーシャン」、新規参入の余地のない領域だからです。

では、その逆の未開拓の「ブルーオーシャン」は何か？

「着づらくて、高いもの」ではないでしょうか。

そこで、「禍々《まがまが》しくて高価格」なTシャツを作ることにしたのです。

不安感をあおるネーミングのブランドロゴをプリントした黒いTシャツは、1枚1万360円と、一流ブランド並みの価格です。

普通に考えれば、無謀にもほどがある価格設定でしょう。

でも、少し考えてみてください。

第2章でお話しした通り、私は「コンテンツ至上主義に陥っているビジネスパーソンが多すぎる」と考えています。

商品の魅力は、コンテンツすなわち「商品の質」によって決まるのでしょうか、それとも「商品の売り方」によって決まるのでしょうか。

当然両方が必要ですが、今は前者がいささか偏重されていると感じます。

「幸福洗脳」のTシャツは、あらゆるTシャツと同じく、コットンと、ロゴ印刷に使うインクを素材にしています。当然、原価は安いものです。それをあえて高価格で売る。そこに「どうなる!?」という好奇心を誘うストーリーが生まれます。

私は番組で、そのストーリーを買ってくれ、とリスナーに訴えかけました。

「安い原価のものを高く売る。素人のくせにハイブランド並みの価格で売る。あちこちにケンカを売っているこの挑戦がどうなるか、ラジオの放送期間である半年の間にどこまで行けるか。そのドキュメンタリーを共に体験しよう。一緒にバズを体感しよう。俺は、素人のバスケット選手桜木花道がたった半年で全国出場を果たす『SLAMDUNK』のようなシンデレラストーリーを、リスナーと一緒にこの番組で実現したい」

そう呼びかけたところ、見事、バズりました。

ネットショップにはTシャツを求める注文が殺到。

でも、これはまだまだ「始まり」だったのです。

初志貫徹こそが最大の強み

次いで11月17日、乃木坂に「幸福洗脳」の店舗を開店。

これも逆張りです。ネット販売全盛の時代に実店舗は断然不利、と考えるのが、今の常識。そこに「果たしてそう?」と問いかけるのが、逆張り精神というものです。思えば、今や押しも押されもせぬネットショップの王者であるＺＯＺＯＴＯＷＮも、スタート地点では逆張りでした。服はお店に行って実際に触れてみて、試着してから買うのが常識だった時代に、その逆を行って成功したのです。

そして今、リアル店舗とネットショップの関係は逆転しました。今度は店舗を開くことが逆張りになります。

「この逆張りを面白いと思ったら店に来てくれ」と呼びかけたところ、たくさんの人が乃木坂の店舗まで足を運んでくれました。

しかしその後、この店は一度停滞を迎えました。

客足は減らないものの、購入額が目減りしたのです。

そこで原因を分析。『幸福洗脳』っていうタイトルそのものが怖いからかもしれない」という仮説のもと、ブランド名を一時期、「ＢＲＡＩＮＷＡＳＨ」という英訳名に変更してみました。

ところが、「変えないでほしかった」という声が殺到。私自身も、この名には違和感を覚えました。

やはりこのプロジェクトの核にあるのは、禍々しくてサイコなもの。ギトギトの「ラーメン二郎」なるものが求められていたのです。

瞬間的に不安を覚えさせる四字熟語を掲げることが不可欠だとわかり、すぐブランドネームを元に戻しました。

では、ブランド名でなければ、価格が問題なのか？

いや、「4000円で売る」という想定をしただけで、コンセプトがブレるのは明らかです。原価の安いものを高く売るという挑発的な姿勢も、このブランドの核であり、ブレるわけにはいかない。

不可能とされていることを全部やる、しかも新規参入でやってのけることが一つのエンターテインメントになっているのです。空中ブランコだからこそ、皆に見てもらえる極上のアトラクションになるわけです。

ということは、何を変えればいいのか……。

見えてきたのは、商品ラインナップの少なさでした。

Tシャツとスウェットしかないのでは、選択肢の幅が狭すぎます。

とはいえコンテンツを増やすとなると、時間がかかってしまいます。それもまた、「半年間で駆け抜ける」というスピード勝負のプロジェクトにはそぐわないものでした。

「幸福洗脳」が全国の作り手たちのプラットフォームに

この局面を解決したのは、「コラボレーション」という策でした。

かねてから、「『幸福洗脳』とコラボさせてほしい」という提案は多数のメーカーさんからいただいていました。

それらのオファーを一つひとつ検討すると、良質なコンテンツを提供している企業が非常に多いことがわかってきたのです。

たとえば、茨城県土浦市の斎藤綿店。

「一押し商品『綿入れ枕』を『幸福洗脳枕』として売ってみませんか」という提案を受けました。

送ってくださった枕を使ってみると、非常に良質。「これに『幸福洗脳』のロゴ入りカバーをつけて売りましょう!」と、こちらからもオファーを入れました。それもラジオの番組中に店主さんに生電話。リスナー全員がそのやりとりを体験したわけです。

ちなみに店主さんは、非常に無欲。手作りの職人仕事で素晴らしい寝具を作っているのに、ネットショップもない、サイトもない、ブログはめったに更新しない……。

そう、コンテンツはいいのに売り方には無頓着という、第2章で述べた「もったいない」パターンです。

ならば、コンテンツ不足で困っていて売り方で勝負をかけている私と、まさにドンピシャの組み合わせです。

ほかにも、コンテンツはいいけれど売り方がネック、という業者さんたちとタッグを組んで、次々にラインナップを増やしました。

ただし、置ける在庫には限界があるので、ディスプレイだけして発注を請け負う仕組みにしました。こうして全国各地の作り手たちのプラットフォームになることで、「幸福洗脳」の新しいビジネスの形も見えてきました。

禍々しくて挑発的なものに注目させる、という最初のバズは、コンテンツを他社からもらう、という成長戦略の足掛かりにもなったのです。

NKTの仕事術〈26〉

売り方を工夫しつつも、コンセプトはブラさない

他業種だからこそ、
非常識なアイデアを
押し通せる

「確かに中田はすごい。でも、こんなこと、ビジネスの才覚がないとできない」と思われたでしょうか。

いいえ、何度もお話ししてきた通り、私がしてきたことは〝Just Do It〟、これだけです。

素人コンプレックスを持たず、バカにされても気にせず。ただ「これをしたい、やります」と宣言し、後に引けない状況を作る。これだけで走ってきたら、ずいぶん面白いことになっているぞ——という感じです。

「有名人だからできたことでしょ?」という意見もあるでしょう。

確かに私は、今回の商売で知名度を活用しました。

しかし、たとえ有名ではなくとも、別の何かを使っていたでしょう。たまたま使えるアドバンテージが知名度だっただけです。

そもそも、「有名」っていったい何でしょう。

私だって、世界規模で見れば無名です。

SNSの女王、そしてファッションアイコンとしても注目される渡辺直美のほうが、世界的知名度ではよほど上でしょう。

しかし私は、そこに劣等感を抱くことはありません。そんなことを思い始めたら、地球上で一番有名になるまで劣等感を感じ続けなくてはいけなくなります。

「中田は有名、自分は無名」と思っている人も、劣等感を持つ必要などありません。その人だって、周りの人々の間では有名人です。家族、友人、同僚、ご近所、皆に知られているはずです。つまるところ、有名無名は程度の差なのです。

人と比べるのではなく、自分の今持っているもの、コミュニティの範囲、興味の所在に目を向けましょう。

「でも最後には、才能の差が出るのでは？」

と思う方、これもまた、程度の差です。

世の中、大天才と言われるような人は確かに存在します。でもそういう人は巨悪と戦ったり、人類の未来を変えるような研究をしたり――言わば、我々には縁のないようなすごい機関に身を置いて、世界を救っているでしょう。

私は、そんな人とは違う、ごく普通の人間です。

サロンに参加してくれたメンバーや、ライブに来てくれるファンや、読者の皆さん、そんな方々と私の才能の差は、言ってしまえば「似たり寄ったり」です。

似たり寄ったりの人たちの間に差が出るとしたら、それは志の有無でしょう。

志を口に出し、行動に移しているか否かの違いしかないのです。
だから、恥ずかしがらずに「これがやりたい！」と声に出しましょう。
そしてあとは、行動あるのみです。

NKTの仕事術〈27〉

やりたいことを口にする、口にしたことはやり続ける

第5章

時代を読み、利益を生み出せ!

中田式・アイデア発想法

毎日の消費行動に、
ビジネスのヒントが
潜んでいる

意思を持つ者と能力を持つ者との、動的ネットワーキング。

それが、これからの時代にふさわしい、「新しい働き方」の形です。

最終章では、そうした働き方の中で「利益を生むコツ」を語ります。

働くとは、利益を生む営みです。単に「新しいやり方で働く」だけでなく、確実に利益にリーチする視点も、忘れてはいけません。

小さな工夫から、日常で持つべき心構えまで——。

古来伝わる普遍的な知恵から、先読みを活かした新発想まで——。

私が実践してきたこと、していること、今後したいこと、そして皆さんにおすすめしたいことを、お伝えしていきましょう。


さてこれまでの話からもおわかりだと思いますが、私は「売り方」に工夫を凝《こ》らすのが好きです。その手法は色々ありますが、まずは一番シンプルな作戦を紹介しましょう。

グッズを売る仕事で私がもっとも深い学びを得たのは、RADIO FISHの名前入りノートを製作したときのことです。

このノート、最初はまったく売れませんでした。

講演会の受付の席に積んでも、誰も見向きもしてくれません。

原因をしばし考えて、ある手を思いつきました。

講演の内容にノートの話を絡めたのです。

加えて、「お買い上げの方とは、一緒に写真を撮ります！」と言うと、とたんに爆発的に売れ始めました。

写真特典をつけたからノートが売れた。それもあるでしょう。

しかし、それだけではありません。

売るタイミングを「前」ではなく「後」にしたからです。

イベント直後の、お客さんの熱量が最大限に上がったタイミングで商品を提示する、これがコツです。

映画を観る前は「別にいらないかな」と思っていたパンフレットを、鑑賞後に思わず買ってしまった経験は誰しも持っているはずです。

これと同じ原理です。

神社の「お守り」はなぜ売れるのか

「前と後」の差が歴然と現れる別の例としては、「遊園地のお土産屋さん」が挙げられます。

人気のない遊園地に入ると、たいていお土産売り場が入り口近くに固まっています。

それと対照的なのがディズニーランド。売り場はあちこちに点在しています。それも、アトラクションに乗った後、その関連グッズを売っているスペースへ自然に誘導される動線になっているのです。直後の熱量をそのまま、購買欲に結びつけるのです。

この購買欲とはつまり、「記念に買って帰りたい！」です。

印象的な体験をすると、「その思い出を形に残したい」と人は思うのです。

その原点は、「神社」なのではないか、と私は考えました。

神社に行く目的は「お参り」で、決して買い物をしに行くわけではありません。なのに、なぜかふとお守りを買ってしまう。これも、お参りという体験を記念として形に残したいと思うからです。

そう考えて、私はグッズのラインナップに「お守り」も加えました。

そして、またまた講演会で語ります。こういう理由でお守りを作ったんですよ、という種明かしも付け加えます。するとやはり飛ぶように売れます。

「さっきのお守りの話を聞いた記念に買おう」というわけです。

この「記念型」の売り方をするようになってから、手売りの物販はいつも大盛況。握手をしたり写真を撮ったりする「おまけ」がなくても、売れるようになっています。

普段何気なく享受しているサービスの成り立ちを考えて、それを転用するのはビジネスを成功させる一つの手と言えます。

NKTの仕事術〈28〉

身の回りのサービスや商品がなぜ売れているのかを考える

アイデアは
すごくない

「中田さんはいつもアイデアの種明かしをされますが、模倣される心配はしないのですか？」

と聞かれることがしばしばあります。

まったく心配していません。むしろどんどんパクってほしい！

パクっていただけるのは、良いアイデアであった証《あか》しですから嬉しいことです。追随者が出ると市場が広がり、こちらもさらに売れるという相乗効果も期待できます。

それに、そもそも私は、アイデアというものはそれほど「すごい」ものではないと思っています。

人が何かを考えつくとき、おそらくほかにも同じアイデアを持っている人は何人かいるはずです。アイデアはニーズのあるところに生まれるものであり、そのニーズを誰もが感じているからです。

たとえば、オリエンタルラジオのブレイクのきっかけになった「武勇伝」。あのような「リズムネタ」は当時、私たち以外にも手掛けていた芸人さんが何組かいました。流行の兆しがあり、そこに目をつけていたのは私たちだけではなかったのです。

『PERFECT HUMAN』もそうです。EDM（エレクトロニック・ダンス・ミュージック）もそのころ「キている」分野でした。先述した幸福洗脳で言えば、ラジオという媒体を活用して、コンテンツをどう売ればいいか困っている人たちとコラボしていく。

このように、世の中が何に不足を感じているか、何を求めているかは、その分野で商売をしている人なら皆考えているし、気付いています。

「こうすればなんとかなるのでは」という漠然としたアイデアもあるでしょう。つまり、皆が「リーチ」まで来ているのです。

あとは誰が一番先に実行するかですが、それはタッチの差でしかありません。

さらに言えば、「やった者勝ち」。

そういうわけで、最初にアイデアを持ったのが誰かを、あまり私は重視しません。自分の中でひらめいたアイデアも、「きっとほかの誰かも考えついている」と思います。

さほどこだわらずに種明かしをするのも、そう思っているからなのです。

NKTの仕事術〈29〉
いいアイデアを思いついたら、すぐに動く

SNSでは
真実を語れ！

「種

明かし」と言えば、我が家の事情についても、私は赤裸々に語ってきました。

そのせいで良いことも悪いこともありましたが、あの「いい夫やめます宣言」については、少なくとも家庭内では、良い結果をもたらしています。

良き夫・良き父である自分をメディアで発信していたころ、妻は辛そうでした。

なぜなら周囲から、「旦那さん最高ね！」「うちの夫にも見習ってほしいわ！」と言われ続けたからです。

そう言われると妻はどうしても、「違うの！　完璧に家事ができているわけではないのに……」と、マイナス部分が気になってしまいます。

不平の一つも言おうものなら「贅沢ね！」と言われてしまう。その息苦しさは想像に難くありません。

しかし、「いい夫やめます宣言」以降、その風向きは逆転しました。

世間はこぞって私をバッシング。それによって妻はとてもラクになったのです。

「ヒドイよね！」「かわいそう！」「モラハラ受けてない？」と同情の声が集中するようになると、今度は私の「できている部分」に目が行きます。

宣言前ほどではないにせよ、今の私は、世間が想像するよりかなり良い夫です。

だから夫を非難されるたび、妻は子供を風呂に入れる私や、2人でランチに出掛ける午後や、一緒にドラマを見る平和な夜や、家族4人並んで眠る安らぎ――そうした幸せを思い出せるのです。

そう考えると、本物の「良き夫・良き父」は、もしかすると世間から「悪い夫・悪い父」と思われているような人物なのかも……そんな仮説さえ浮かんできます。

少なくとも、良い夫と見なされていないほうが家庭は平和になりそうです。

――という「からくり」まで話してしまうから、いけないのかもしれませんね。

「家の内情をわざわざ発信することないじゃないか」という非難も、多数受けました。しかし私はこれからも、「あるがまま」を伝えていくしかないと思っています。ラジオでも、SNSでも実体験に基づく真実だけを語るつもりです。

なぜなら、これが自分の役割だと思っているからです。

かつて「ママ業を頑張りすぎなくていい」と声を発した女性たちがいたように、「パパ業も頑張りすぎなくていい」と、誰かが言わなくてはならないと思います。

家事育児に非協力的な男性が大多数ではありますが、頑張っているお父さんも確実に存在します。家事も育児も仕事もオシャレも、と天井知らずのトライを奨励する風潮に、「そこまでは無理だよ」という体験者の生の声を届けることが必要です。

男性は女性に比べ、家庭に関する意見を交わす習慣が極端に少ないという現実があります。加えて「仕事と家庭の両立」を語れる著名人も、男性にはほぼ皆無です。現在子育てをしていて、仕事も全力で取り組んでいる30代男性で、かつ発信力を持っている人間――と考えると、おそらく私だけになります。

その立場を踏まえて、男性たちに、そして社会に「考える機会」を提供できれば、と考えています。

人にどう見られるかは気にしなくていい

こんな私は、これからもしょっちゅうバッシングを受けるでしょう。

そうでなくても私は、人にやたら「偉そうなやつ」だと誤解される傾向にあります。「上昇志向が強そう」「自分以外全員バカだと思っていそう」などなど、人によっては猛烈に悪いイメージを抱いている様子。ラジオでの発言が断片的にネットで切り取られ、誤解を招くこともたびたびあります。

ここまで読んでくださった皆さんは、中田が上昇志向とは逆の考えを抱いていることや、周りの方々の能力や個性を尊重していること、自分だけが賢いなどと思っていないことを知ってくださっている、と信じています（違ったらごめんなさい！）。

でも、世間には偉そうに見えるらしい。そこはもう「仕方がないな」と思います。実際の私と違う捉えられ方をすることに、それほど苛立《いらだ》ちは感じていません。不思議だとは思いますが、気に病みはしません。

と言うのも、私を嫌う方々と直接会う機会がないからです。私を悪く書く記者さんは私のところに取材に来ませんし、ネット上で私を非難する方々も、私に直接その言葉をぶつけてはきません。

私の周りにいるのは、家族と友人と、私と一緒に仕事をしてくれる人々です。そこでの関係が平和で楽しいなら、気にすることはないと思うのです。

SNS時代の影響か、人からどう見られるかをひどく気にする人が増えていますね。しかし、不特定多数の人に与える印象をあれこれ思い悩むのはナンセンスです。

そうした印象は、いとも簡単に変わります。

「いい人」のイメージだった芸能人が、ふとした事件をきっかけに「悪い人だったんだ！」と逆転することがよくありますね。逆に、ひどく嫌われていた芸能人が、ちょっとしたことでいつのまにか「いい人」になっていることも。

しかし、その「いい人」認定の理由は何だったのでしょうか。

おそらくは出演番組やCMで見せる雰囲気とか、「現場でスタッフを気遣っていた」などと書かれた記事など、とても根拠の薄いものでしょう。本当の人となりは、近しい人以外には、そう簡単にわかるものではありません。

断片的な情報をもとに雰囲気的に捉えられ、そのときだけ褒めそやされたり、バッシングされたり、忘れられたり——世の中の目は、それくらい当てにならないものです。

だからこそ、SNSの発言では嘘をつかない。そして、実際に目の前にいる人、日常生活で関わる人たちだけを大事にする。

こうしたことが、今の時代をラクに生きるコツではないでしょうか。

NKTの仕事術〈30〉
他人にどう思われようが、「自分にしか言えない」と思うことは堂々と発信する

成功例は素直に
リスペクトせよ

「こちらが相手をどう見るか」にも大事な知恵があります。
成功している人、評価されている人、そんな人たちを皆さんはどう見ますか?

つい嫉妬してしまうことはないでしょうか。とくに、その成功者が自分と同じ属性を持っていたりすると、嫉妬心はさらに強くなるものです。

たとえば30代の女性が、「25歳で年商何億の美人社長」をフィーチャーした記事を見ると心がざわつきそうですね。写真を見て「そんなに美人でもないじゃん」などとつい口に出したくなるでしょう。

でもここは、素直にリスペクトするのが吉です。

嫉妬すると、悪いところばかり目について、見習うべき点を見落とすからです。

こんなことを言っておきながら、私もけっこう嫉妬深くて、ときにはまったくジャンル違いのビジネスの成功例でも悔しく感じることがあります。

しかし、そう感じたらすぐその思いを脇に置いて、「すごいなあ」と思うことにしています。そして、その成功例のいいところを探ります。

たとえば、たこ焼きチェーン店の「築地銀だこ」がプロデュースする「銀だこハイボール酒場」。

お好きな方も多いでしょう。

私は成功の秘訣を探りに、平日の昼間、店に足を運んでみました。

まず、ランチでもディナーでもない時間帯なのにお客さんでいっぱい。これだけで感心させられます。

さらに、メニューを見ると、たこ焼き4つで310円。なるほど。屋台のたこ焼きのおよそ半分、小腹を満たすのにちょうどいい数です。

380円の角ハイボールと290円の「つぼきゅう」をセットにして980円。客単価千円になるよう計算されている巧みなメニュー設定。これまた素晴らしい。

ちょっと待て。「つぼきゅう」って何だ？

「つぼきゅう」とは文字通り壺に細切れのキュウリが入った「銀だこ」の人気メニューのことです。

キュウリのような原価の安いものが290円？

ここでふと考えます。

しかし「壺」に入っていると、なんとなく高級感があるもの。一時期流行った「壺カルビ」もそう。安い食べ物は、容器を高級にすれば有難みが増すのです。

このように、「すごいなあ、どうやって売っているのかな」と思いつつ観察すると、さらにたくさんの発見ができます。

「売り方」のアイデアをいつも考えている私にとって、「銀だこ」の売り方はとても学ぶところが多く、刺激的な体験でした。

私はこの学びから、早速、幸福洗脳の包装紙を高級な箱に代えました。そうすることで、誰かにプレゼントするための贈答品として、服を買う人も増えてきたのです。

もし、成功者に嫉妬などしていたら、そういうチャンスを根こそぎ失います。

ライバルだと思う存在、勝てないと思う相手がいたら、良いところを見て吸収するのが得策です。

後輩に学ぶ勇気を持つ

偉大な芸術家の足跡を語る本などを読んでいると、ときどき不思議な共通点を見つけることがあります。

「後輩を猛烈に意識する」という点です。

かの手塚治虫は、最晩年まで若い才能に関心を持ち続けていたそうです。若い漫画家の手法を研究し、吸収し続けたとか。

写真家の篠山紀信さんが一時期、「シノヤマキシン」という名義で作品を出していたのも、後輩を意識してのことだったと言われています。そのとき勢いのあった若いフォトグラファーが、カタカナ名を使っていたから。ほかにも、常に若くて勢いのあるフォトグラファーの撮り方を真似てみるという習慣もあると聞きました。

その心中はどのようなものなのでしょう。

大御所であればあるほど、「後輩を見習うなんてありえない」と考えるはずです。しかしその壁を越えたからこそ、偉大な芸術家となったのかもしれません。

私は、そこまでのキャリアも偉大な足跡もありませんが、「後輩を見習う」という姿勢は大事にしています。

かつて、後輩の8・6秒バズーカーのネタ「ラッスンゴレライ」を完コピしたのも、若くしてブレイクしている芸人を見て何かを吸収しようというリスペクトからでした。キャリアが長くなればなるほど「教科書」は少なくなってくるものです。ならば若いヒットメーカーから吸収しない手はありません。

今私がお手本にしたいのは、ＹｏｕＴｕｂｅｒたち。

フィッシャーズ、カリスマブラザーズ（２０１９年に解散）、水溜りボンドなど、イキのいいＹｏｕＴｕｂｅｒがいたら会いに行き、面白い動画制作のコツを聞きます。

というのも、ＲＡＤＩＯ ＦＩＳＨの動画の作り方で手詰まりを感じているからです。「君たちのように注目されるには何が必要なの？」と教えを請うと、色々と興味深い視点を提供してくれます。

カリスマブラザーズと話したときには、意外な発見がありました。

「中田さんの乗ってる車って何ですか」と彼らは聞くのです。

「俺、セレナだよ」

「意外ですね！　そういうのが面白いです！」

そんなことが面白いのかよ！　思わず仰《の》け反りました。

彼らの見解はこうです。

ＹｏｕＴｕｂｅというメディアは、送り手と視聴者の距離が非常に近い。だからＹｏｕＴｕｂｅｒが見せるものはプライベート感の強い、ときには生々しいものになる。

その点、芸能人はそこまでさらけ出すにはリスクが多くて、どうしても無難なトーンに落ち着く。芸能人がＹｏｕＴｕｂｅでなかなかブレイクスルーできないのは、そのあたりが理由ではないか、と（その中で注目を集めているカジサックことキングコングの梶原雄太さんは、本当にすごい！）。

とても考えさせられました。これからの動画関連事業にどう反映させていくかはまだわかりませんが、こうした若い人たちの意見を聞くのは、非常に意味のあることだと思っています。

ＮＫＴの仕事術〈31〉

他業種でも、後輩でも、とにかくリスペクトする

嫌い、苦手？
だからこそ、
リスペクトだ！

現在、仕事がうまくいっていない人は総じて、先ほど述べた「成功例を見習えない」という共通点をひそかに抱えている、と私は思っています。

たとえば「地方」。

私が小学〜中学時代を過ごした山口県は現在、経済の停滞に苦しんでいるのだとか。

小学校の同級生で、今はＮＨＫ広島放送局に勤めている親しい友人から、山口県の番組を作るから出演してほしいと頼まれ、久々に山口県に出向きました。

友人いわく、「山口って本当に何もないんだよ。どうしたらいいと思う？」

確かに――山口には、人を呼べるものが「絶無」でした。

まず観光スポットがない。幕末の英雄たちを生んだ長州藩のあった場所ですが、それを象徴する建造物もない。自然は多いけれど、派手なビューはない。

移動もスムーズにいかない。県内最大の駅でさえ自動改札がなく、Ｓｕｉｃａが使えない。電車は1両、長くて2両しかない。

ショッピングモールがない。ユニクロ創業者・柳井正社長の出身県なのに、山口市に「ジーユー」がない。若者をターゲットにしたコンテンツがない、いや若者自体がいない。食でも、山口を代表するようなグルメは……。

と、ここまで考えたとき、ハッと気付きました。

若者の熱い支持を集める名酒、「獺祭《だっさい》」。

これこそ山口の希望ではないか——と思いきや、意外なことがわかりました。

山口では、獺祭をあまりよく思っていない人が多いらしいのです。

獺祭は、若い酒蔵がこれまでにない手法を使って作った酒です。

原料はカリフォルニア米、品質の安定保持にＡＩ（人工知能）を使用。歴史ある老舗の手法とは一味も二味も違います。そのお酒が成功したことを、地元の方々は素直に喜べないようです。

「日本の米を使わないお酒なんて」

「テクノロジーだかなんだか知らないが、あの酒には伝統がない」

「海外で賞を取ったそうだけど、それが何？」

と、こぞって冷淡な反応。しかし唯一の希望の光を、当の山口県民が嫌ってどうするのでしょうか。むしろ今こそ、獺祭に学ぶべきではないでしょうか。

第3章で、私は「不足のあるところにこそ発展がある」と述べました。

獺祭もそうです。豊富な食材資源があるとは言えない山口だからこそ、輸入米に頼るという判断ができました。歴史が浅くても老舗に負けない味を出すために、テクノロジーを活用するという発想に至ったわけです。

そうしたノウハウに、素直に耳を傾けるべきです。

ちなみに私が今山口の活性化を図るなら、「獺祭と食べ物」の掛け合わせで人を呼ぶことを考えるでしょう。

獺祭は全国に流通していてどこでも飲めますが、「山口に行って、この食べ物と合わせるからこそ美味しい」という掛け合わせを作れば、人を呼べます。

たとえば、これも地元の名産である「フグ」と合わせたら、最高のマリアージュが生まれそうです。

垣根を越えて協力し合えば、きっとほかにもさまざまなアイデアが出てくるはず。そんな変身を、元県民として待ち望んでいます。

「リープフロッグ」を仕掛けよう！

同じ方向性で、今度は日本人全体にとって耳の痛い話をしましょう。

皆さん、中国の成長を「悔しい」と思っていませんか？

ここも、その嫉妬をいったん脇に置いて中国をリスペクトし、何がすごいのかを観察してみたいところです。

たとえば、中国はキャッシュレスが非常に進化していますね。日本はこの点、先進国の中でも後れを取っています。その背景には、面白い逆転現象があります。

ある記事によると、日本のキャッシュレスが遅れたのは、日本が「優れていた」からなのだそう。

まず、80年代の高い技術力。

テクノロジーを活かしてATMが開発され、それをあらゆるところに――コンビニにまで設置。そうした無数の拠点で、市民が気軽にお金を出し入れできるくらい治安が良好であることも、日本だけの強いアドバンテージでした。ところがそのことが、電子マネーへの移行を遅らせました。

このような優れた仕組みを実現できた銀行の立場は強く、国にも法律にも手厚く保護されていました。そのため民間企業が決済サービスを作れる土壌が育たなかったのです。

中国ではその逆を行きました。電子商取引の巨大企業「アリババ」が、「アリペイ」というスマホ決済サービスをまたたくまに普及させたのです。

日本のようなテクノロジーも安全性も「なかった」ことが勝因となったのです。

このような逆転現象のことを「リープフロッグ」と言います。

あるジャンルで後れを取っていたプレイヤーが、ひとっ跳びで逆転をする。

それまでの勝者が今度は敗者になる。こうしたことはビジネス界ではしょっちゅう起こっています。パソコンにおける絶対的勝者だったマイクロソフトが、スマホで後《こう》塵《じん》を拝したのはその好例です。

では、これをさらに逆に見ると……。

リープフロッグで追い越され、今、後れを取っているなら、今度はその後れを逆手に取って、リープフロッグで巻き返せばいいわけです。

今、日本がそれをできるとしたら、どこに目をつけますか？

次代のリープフロッグの担い手である若者たちのアイデアが、待たれるところです。

NKTの仕事術〈32〉

新しいことを始める若者や新参者がいたら迷わず教えを請う

書を捨てよ、
海外に出よ！

日本にあってほかの国にないもの、ほかの国にあって日本にないもの。

それをつぶさに知るには、海外に出るのが一番です。

私もそうですが、日本人はめったに海外に出ることがありません。ちょっと旅行に行く程度で、「日本の強みと弱み」を分析できるくらい海外を観察している人はごく少数でしょう。

でも、これからの日本を担う人たちは、大いに海外に出てほしいと思います。

昨年、私はすごい高校生に会いました。

出会いは私の講演会。最後の質疑応答で、学ランを来た少年が、非常に印象深い質問をしたのです。

「中田さんのお話、すごくわかりやすかったです。なぜだろうと考えて、比喩が素晴らしいからだと思いました。そういうたとえは、どうやって思いつくのですか」

考察を経て仮説を立て、それから質問に至っている。知性が垣間《かいま》見える、素晴らしい質問だと思いました。

その後、家に帰ってからネットを見ていたら、彼がブログで「中田敦彦の講演会に参加してきた！」という記事を上げているのを発見。

しかもブログのタイトルが「高校生で世界一周」。

いったいどういう子なんだ、と思ってほかの記事も読んでみると、いよいよ途方もないことがわかりました。

海外経験ゼロ、語学力もほぼない状態で世界一周する計画を立てていて、その支援を募ってクラウドファンディングしているという。

これはぜひ応援したいと思いましたが、募金できるサイトへのリンクはナシ。そこでＤＭを送り、「協力したいが、どうしたらいいか」と聞きました。

するとすぐ返事が来て、サイトではなく直接受け取ることにしていると言うのです。名古屋在住なので東京まで行きます、とのこと。

「募金しても交通費でチャラにならないのか？」という疑問はすぐ解けました。

東京まで会いに来てくれた彼の交通手段はなんとヒッチハイク。

「男女2人なら、怪しまれずに乗せてもらえるんです」と、これまたすごい知恵をサラリと披露します。しかもその相棒は道中で知り合って、「さっき」彼女になってくれた子なのだとか。

さらには、私の支援金を受け取ったその足で有明の東京ビッグサイトに行き、世界一周を志す人々が出場するプレゼン大会の決勝に出るというから驚きです。

翌日確認したら、彼が優勝していました。もはや、驚くにもあたりません。

この優勝で必要額を満たした彼は、その後すぐ成田から飛び立ち、今も世界一周の旅は続いています。

才覚とバイタリティの塊のような彼ですが、本人いわく、「自分がすごいということを証明したいわけではない」そうです。

「語学もできない、海外経験もない僕が世界一周できたのなら、皆さんにもできる。『世界は近い』ということを証明したい」

この信念にも深い感動を覚えます。彼のような人に励まされて、未知の世界へと飛び出していく人が増えたら、日本はもっと変われそうです。

日本のいいところ、足りないところ、足りないからこそ飛躍できそうなところ。それを探索しに行く若人が増えることを、願ってやみません。

NKTの仕事術〈33〉

海外に出て日本のいいところ、足りないところを探し出す

今年はまだ、
誰のものでもない

日本人の働き方について長く語ってきたこの本も、最後に近づきました。

この本を読み終えた皆さんは、これからどんな風に、そのキャリアを積み重ねていくのでしょうか。そのとき私は、どんなビジネスを手掛けているでしょうか。

未来のことはまだ、わかりません。

でもそれが、すなわち「希望」だと私は思っています。

1年の最初の朝に、私はいつも心にこう念じます。

「今年はまだ、誰のものでもない」

その前日――前年の大晦日《おおみそか》までは、「その1年の総括」があちこちで語られます。

ニュース番組では、話題をさらった人物やヒットした商品を振り返ります。

2018年で言えば、平昌《ピョンチャン》オリンピックで活躍したカーリング女子や、DA PUMPさんの『U.S.A』や、映画『ボヘミアン・ラプソディ』などが記憶に新しいです。

でも新しい年は、「まだ誰もヒットしていない年」。

だからまっさらな気持ちで頑張ろう、と毎年思います。

私自身の、これまで得てきた成功もいったん忘れようと思います。

ヒットを出すと、過去のヒットの影がついて回ります。私も「武勇伝」の後は武勇伝を超えないといけない、『PERFECT HUMAN』の後は『PERFECT H

UMAN』と戦わなくてはならない、というプレッシャーをよく感じたものです。

でも年が変われば、そうした気持ちにも区切りがつくもの。これまでの実績は実績として、また違った形で新しい働きかけをしていこうというエネルギーが湧いてきます。

この真っ白いキャンバスに自分は何を残せるか、と想像を巡らせます。

そしてまさに今、平成が終わって、新しい時代がやってきます。

私たちの前には、巨大な真っ白いキャンバスが広がっています。

どんな人たちが現れて、どんな風に出会って、新しい何を生み出していくのか。

どんな風に社会を変えるのか。そこにどう連なっていこうか。

どこまでも思いを巡らせながら、皆さんも一歩を踏み出しましょう。

新しく始まるこの時代を、皆さんの手で彩っていくのです。

NKTの仕事術〈34〉

過去の実績を白紙にして、自分が成し遂げたいことを決める

おわりに――戦士が勇者になる日

本書では、これまで私が挑戦してきたこと、常日ごろ考えていることを「ビジネス」という視点から述べてきました。

現在進行中のビジネスも含めて、私はまだまだ歩みを止めませんし、日々勉強をし続けることでその手法も磨かれていくと思います。

突然、穏やかな性格に豹変《ひょうへん》するかもしれません。

ただ1つ強調したいのは、「やりたい！」という思いはずっと持ち続けるだろうということです。

私は自分のことを、RPGのキャラクターでいう「勇者」だと思っています。誰もが憧れる勇者ですが、実は、必ずしも能力が高いわけではありません。

戦士は腕っぷしが強く、魔法使いは魔法が使え、僧侶は人を治療することができます。

しかし勇者の能力は、すべて中途半端。つまり、器用貧乏です。

では、なぜ勇者よりも力の強い戦士や魔法が使える魔法使いが主人公ではないのか。

それは、勇者が文字通り「勇ましい者」だからです。

「魔王を倒すぞ！」と宣言して、能力のあるメンバーを集める。

これが勇者の資質だと思います。


弟であり、RADIO FISHのメンバーのFISHBOYにこう尋ねたことがあります。

「ダンサーとして個人で活動するより、RADIO FISHのように歌って踊れるダンサーを集めてアーティスト活動をするほうが、幅が広がるんじゃないか？」

すると、「いや、考えつかなかったなあ」という返答が。これがすべてを証明しています。このプロジェクトにおいては、FISHBOYは「戦士」なのです。

「そんなに剣がふるえるのに、どうして魔王を倒さないの？」

「いや、考えなかったなあ」

戦士は「強くなりたい」と思っても、その力を魔王討伐に活かそうとはしません。

私は、プロのダンサーでもなければ、歌がうまいわけでもない。服なんて作ったことがありません。それでも、プロジェクトを立ち上げて賛同を募ることはできます。『幸福洗脳』というブランドのいかついTシャツを作りました。皆さん、どうですか？」

「RADIO FISHの弟分のFAUSTの初ライブやります。皆さん、来てください！」

と呼びかけるのは得意です。

「0から1の事業を立ち上げて何かに挑戦したい」
「SNSを賑《にぎ》わすバズを生みたい」
「とにかく世界中の人に注目されたい」

そう考えたことがない人が圧倒的に多いなら、とにかくビジョンを打ち立てて、みんなの力を借りて、実現に導く。

これがまさに勇者の役割ではないでしょうか。

勇者になれない人はいません。何か1つの能力に秀でている戦士でも、自分には何もないと〝思い込んでいる〟町人でも、志さえ持てば、誰でも勇者になれるのです。

「自分は戦士のままでいい」と思う人は、それはそれでけっこう。輝けるステージは無数に存在します。その場所を探せばいい。

そうではなく、自分も勇者になって、今までやったことのないチャレンジをしたい、大勢の人とプロジェクトを成功させたいという生き方を望む方は、ぜひ私のオンラインサロンに遊びに来てください（詳しくは、nakataatsuhiko.com まで）。

大勢の勇者たちが、あなたの挑戦を後押ししてくれます。もちろん、私も全力でバックアップします。

あなたがやりたいことをして食べていくためのエッセンスは、すべてこの本に書きました。あとはやるだけです。

本書を読んで、1人でも多くの勇者が立ち上がることを願ってやみません。

労働2.0

やりたいことして、食べていく

2019年3月28日　第1版第1刷発行
2019年5月 7 日　第1版第4刷発行

著　者　中田敦彦
発行者　後藤淳一
発行所　株式会社PHP研究所
東京本部　〒135-8137 江東区豊洲5-6-52
第二制作部ビジネス課　☎03-3520-9619(編集)
普及部　☎03-3520-9630(販売)
京都本部　〒601-8411 京都市南区西九条北ノ内町11
PHP INTERFACE https://www.php.co.jp/
組　版　hatagram,inc.
印刷所　大日本印刷株式会社
製本所　東京美術紙工協業組合

ISBN978-4-569-84259-2

※本書は、『THE21』2018年6月号～11月号連載の「オリラジ・中田流『働き方』革命」をもとに大幅に加筆・修正の上、1冊にまとめたものです。